os
códigos
de
sabedoria

Dados Internacionais de Catalogação na Publicação (CIP)
(Câmara Brasileira do Livro, SP, Brasil)

Braden, Gregg
  Os códigos da sabedoria : a redescoberta de ensinamentos milenares para nos reconectar e curar a mente, o corpo e o espírito / Gregg Braden ; tradução Aleph Teruya Eichemberg. -- São Paulo : Editora Cultrix, 2022.

  Título original: The wisdom codes
  ISBN 978-65-5736-139-9

  1. Linguagem e línguas - Aspectos religiosos 2. Livros sagrados - História e crítica 3. Pensamento I. Título.

21-96059   CDD-200

Índices para catálogo sistemático:
1. Linguagem e línguas : Aspectos religiosos :
Religião 200
Cibele Maria Dias - Bibliotecária - CRB-8/9427

Gregg Braden

os códigos de sabedoria

A Redescoberta de Ensinamentos Milenares
para nos Reconectar e Curar a Mente, o Corpo e o Espírito

Tradução
Aleph Teruya Eichemberg

Editora
Cultrix
SÃO PAULO

Título do original: *The Wisdom Codes*.

Copyright © 2020 Gregg Braden.

Publicado originalmente em 2020 por Hay House Inc.

Copyright da edição brasileira © 2022 Editora Pensamento-Cultrix Ltda.

1ª edição 2022.

Todos os direitos reservados. Nenhuma parte desta obra pode ser reproduzida ou usada de qualquer forma ou por qualquer meio, eletrônico ou mecânico, inclusive fotocópias, gravações ou sistema de armazenamento em banco de dados, sem permissão por escrito, exceto nos casos de trechos curtos citados em resenhas críticas ou artigos de revistas.

A Editora Cultrix não se responsabiliza por eventuais mudanças ocorridas nos endereços convencionais ou eletrônicos citados neste livro.

Design da capa: Barbara LeVan Fisher

Agradecimentos são feitos ao Instituto HeartMath pela permissão para usar sua Quick Coherence® Technique.

Agradecimento feito pela permissão para reproduzir trechos de:

Prayers of the Cosmos, de Neil Douglas-Klotz (San Francisco: HarperSanFrancisco, 1994).
Rengetsu: Life and Poetry of Lotus Moon, traduzido por John Stevens (Brattleboro, VT: Echo Point Press Books and Media, 2014).
Hsin-Hsin Ming: Seng-ts'an Terceiro Patriarca Zen, de Richard B. Clarke (Buffalo, NY: White Pine Press, 2011).

Editor: Adilson Silva Ramachandra
Gerente editorial: Roseli de S. Ferraz
Preparação de originais: Newton Roberval Eichemberg
Gerente de produção editorial: Indiara Faria Kayo
Editoração eletrônica: S2 Books
Revisão: Erika Alonso

Direitos de tradução para o Brasil adquiridos com exclusividade
pela EDITORA PENSAMENTO-CULTRIX LTDA., que se reserva a
propriedade literária desta tradução.
Rua Dr. Mário Vicente, 368 — 04270-000 — São Paulo, SP — Fone: (11) 2066-9000
http://www.editoracultrix.com.br
E-mail: atendimento@editoracultrix.com.br
Foi feito o depósito legal.

*Uma única palavra tem o poder de influenciar
a expressão dos genes que regulam
o estresse físico e emocional.*

— Andrew Newberg, M.D., Neurocientista,
e Mark Robert Waldman

*Eu não conheço nada no mundo
que tenha tanto poder quanto uma palavra.*

— Emily Dickinson, poetisa

Sumário

Prefácio 9
Introdução 13
Como usar os códigos de sabedoria...21
As palavras são os códigos 27

PARTE UM - proteção 33

    código de sabedoria 1 - Salmo 91..37
    código de sabedoria 2 - Prece Budista de Refúgio...................45
    código de sabedoria 3 - O Pai-Nosso...53
    código de sabedoria 4 - Mantra Gayatri 65

PARTE DOIS - medo..73

    código de sabedoria 5 - Katha Upanishad 81
    código de sabedoria 6 - Textos da Pirâmide 85
    código de sabedoria 7 - *Bhagavad Gita* 91
    código de sabedoria 8 - O Evangelho da Paz 97

PARTE TRÊS - perda..103

    código de sabedoria 9 - Otagaki Rengetsu..............................113
    código de sabedoria 10 - Buda 119
    código de sabedoria 11 - Mantra Pavamana 127

PARTE QUATRO - força 133

código de sabedoria 12 - Oração da Beleza 139

código de sabedoria 13 - Mantra Védico 151

código de sabedoria 14 - Salmo 23 159

PARTE CINCO - amor 167

código de sabedoria 15 - Evangelho de Tomé 175

PARTE SEIS - os códigos de poder 183

código de poder 1 - Eu quero 185

código de poder 2 - Eu sou 195

PARTE SETE - as parábolas 203

Parábola 1 - A Mulher e o Jarro 209

Parábola 2 - A Flecha Envenenada 221

Agradecimentos 227

Referências 233

Recursos 251

Prefácio

Quase universalmente, usamos palavras para nos consolar em momentos de necessidade. Da oração do Caminho da Bênção usada pelos navajos – um povo indígena do deserto do sudoeste norte-americano (*Diné* em seu próprio idioma) – para honrar a ordem natural em tempos de caos até a Bênção Sacerdotal do Antigo Testamento, descoberta em dois pequenos pergaminhos de prata datados de quase 3 mil anos atrás, a história mundial está repleta de exemplos de palavras que nos acalmaram, confortaram e protegeram. Individual e coletivamente, formal e informalmente, em voz alta e sussurrante, através das eras, nós, seres humanos, temos recorrido a palavras especiais para nos ajudar a navegar pelos momentos difíceis da vida.

Se pensarmos em nossas criações como a expressão de ideias que vivem dentro de nós, então nossa arte, filmes, músicas e escritos adquirem um significado de algo mais que um simples entretenimento. Essa relação entre nossos mundos interno e externo nos leva a ver nossa inspiração como consciência que informa a si mesma – lembrando-nos de nossas possibilidades e potenciais inexplorados. Dessa perspectiva, as tradições espirituais do passado e as palavras que as preservam são exemplos vivos que revelam uma comunicação atemporal.

Ao escrever *Os Códigos de Sabedoria*, imaginei uma coleção de palavras confiáveis às quais historicamente sempre nos voltamos em tempos de necessidade, destiladas em um manual moderno de fácil leitura e rápido acesso. Esse grupo de orações, mantras, cânticos e hinos reverenciados foi planejado para proporcionar garantias, proteção e cura quando a vida traz perigo, mágoa, perda indescritível e dúvidas sobre nós mesmos. Nesses tempos, até mesmo o apoio mais bem-intencionado da família e dos amigos muitas vezes não consegue encontrar seu caminho dentro do vazio escuro de nosso abismo emocional. Nessas horas, tudo o que podemos ter somos nós mesmos. E, finalmente, isso é tudo de que precisamos. Assim que compreendi essa verdade simples, fez total sentido perceber que já temos o poder de religar nosso cérebro quando isso nos tenha sido solicitado e, ao fazê-lo, escolher – *autorregular* – a maneira como respondermos aos extremos da vida.

Aplicando de modo consciente os códigos de palavras do passado aos desafios com que nos defrontamos no momento, nos beneficiamos com a sabedoria dos antigos sábios, agentes de cura, místicos e profetas. Ao fazer isso, não somos mais vítimas. Não somos mais definidos por nossas circunstâncias, mas nos tornamos senhores de nosso destino.

E é esse o poder dos *códigos de sabedoria*. Na presença deles, somos transformados. Quando pronunciamos as palavras, em voz alta ou em silêncio, para nós mesmos, alguma coisa muda dentro de nós. E essa "alguma coisa" é o lugar para onde o poder das palavras, da química e dos neurônios convergem de uma bela maneira. Associamos as palavras dos códigos ao significado que atribuímos às palavras. Essa associação direciona nossas células cerebrais (neurônios) para se conectarem com uma precisão que harmoniza nossa biologia com a energia de nossas emoções. Quimicamente, não somos mais a mesma pessoa que éramos há alguns momentos ou horas antes. E é essa diferença que nos abre a porta para novas maneiras de pensar, sentir e agir quando se trata de nossas perdas, medos e traições.

E embora nossas mudanças possam ser sutis e, talvez, até passem despercebidas por aqueles com quem compartilhamos nossa vida, são precisamente essas mudanças que nos dão sabedoria, confiança e força para despertar um poder mais profundo dentro de nós.

Introdução

Nós pensamos em palavras.

Falamos em palavras.

No silêncio de nossa mente, ouvimos as palavras-mensagens de nossos pensamentos subconscientes repetindo-se na velocidade estonteante de 60 mil a 80 mil vezes por dia, de acordo com estimativas científicas. E agora novas evidências sugerem que o poder de nossas palavras vai muito além do que essas estatísticas revelaram no passado. Estudos recentes confirmam uma teoria que foi proposta pela primeira vez no início do século XX: a de que as palavras de nossa linguagem cotidiana influenciam diretamente a maneira como nosso cérebro se "liga" quando se trata de *como* pensamos, e até mesmo *o que* somos capazes de pensar a respeito.

A DESCOBERTA

A descoberta de nossa relação palavra-cérebro não é o produto de uma pesquisa bem coordenada em um laboratório de última geração em busca de um elo que soa como uma coisa mística. Em vez disso, é o resultado de uma percepção inesperada que surgiu de uma tarefa de ensino não planejada entre 1937 e 1938. Foi durante essa época que o linguista norte-americano Benjamin Lee Whorf se viu substituindo um professor para instruir uma classe de graduação em linguística indígena norte-americana.

Ao substituir um colega que estava em um longo retiro sabático de um ano, Whorf reconheceu uma nuança anteriormente esquecida na linguagem dos hopi norte-americanos. Os que falam essa linguagem descrevem os eventos da vida cotidiana sem usar a experiência do tempo – *ou mesmo sem fazer referência a ela*. Em outras palavras, a linguagem hopi usa palavras que descrevem o momento presente e o que está acontecendo no momento, mas não tem palavras para descrever diretamente o passado ou o futuro.

Foi esse uso da linguagem – um uso que promove alteração de paradigma – que levou Whorf à descoberta de que nossas palavras influenciam a maneira como nossos neurônios se conectam – uma descoberta que abalou as crenças científicas de sua época, e que permanece controversa, bem como aclamada, nos dias de hoje.

DANDO VOZ AO MOMENTO

A experiência indígena de ver um relâmpago no céu é uma ilustração perfeita da descoberta de Whorf. Quando os hopi se referem a um relâmpago, sua linguagem o descreve como um verbo que está ocorrendo, em vez de um substantivo para algo que existe. Eles dizem o equivalente a "é um relâmpago", indicando que o relâmpago encontra-se em um *estado de ser*, em vez de observar "o relâmpago" como um objeto natural.

De maneira semelhante, ao considerar o oceano, em vez de descrever uma única onda como o substantivo *a onda* ou *uma onda*, os hopi veem a onda como parte de um sistema totalmente inclusivo, que está presente e vivo, e que acontece no momento. Seu pensamento se reflete na linguagem que descreve a experiência, e eles dizem: "A onda está onde-ando", assim como um relâmpago está "relampague-ando".

AS PALAVRAS DE UM UNIVERSO VIVO

São essas estruturas de palavras que Whorf acreditava serem responsáveis pela maneira harmoniosa como os hopi pensam sobre si mesmos, estruturam suas vidas e reconhecem sua relação com o cosmos. Por exemplo, ao considerar a totalidade da criação, eles veem um universo vivo de conectividade que emergiu há muito tempo de um estado primordial de harmonia. No âmbito desse sistema de unicidade, os hopi reconhecem a cooperação entre as pessoas e dentro da natureza como expressões cotidianas de uma harmonia universal que se estende por todo o cosmos.

Essa maneira de pensar que afirma a vida contrasta acentuadamente com a perspectiva científica convencional, que descreve o universo como um sistema "morto" que emergiu há muito tempo de uma série de eventos cósmicos aleatórios e inacreditavelmente bem-sucedidos. A partir dessa visão de mundo de uma biologia afortunada, a ciência "oficial" atribui nossa origem e nossa existência contínua ao sucesso da competição e àquilo que o naturalista do século XIX Charles Darwin chamou de *sobrevivência do mais forte* – premissa que a melhor ciência do século XXI agora nos diz simplesmente que não é verdadeira. Novas descobertas na biologia, bem como em outras ciências da vida, estão revelando que a cooperação, e não a competição, é a regra fundamental da natureza.

PALAVRAS PODEM MUDAR
SEU CÉREBRO

As implicações da relação palavra-vida são profundas. Parece que a linguagem que usamos – *as palavras que escolhemos para descrever a nós mesmos e compartilhar nossos pensamentos, sentimentos, emoções e crenças* – formam, na realidade, o arcabouço para a unidade ou separação que vivenciamos quando pensamos e resolvemos os problemas da vida cotidiana.

Essas comprovadas relações cérebro-palavra abriram a porta, atualmente, para uma questão ainda mais profunda: "É possível que, ao escolher palavras específicas para abordar os desafios em nossa vida, podemos religar* nosso cérebro para descobrir novas maneiras de resolver nossos problemas?". Em outras palavras, será que a escolha consciente de palavras e padrões de palavras poderia realmente nos ajudar a pensar e a sentir de maneira diferente em tempos de crise, trauma, perda e necessidade? A resposta curta é "sim". A resposta longa é tudo sobre o que trata o restante deste livro. Como veremos nas páginas a seguir, nossos ancestrais sustentavam exatamente essa crença. E além de reconhecer simplesmente uma ponte tão poderosa entre as palavras e a biologia, eles aplicaram sua compreensão a respeito delas como códigos de palavras em seus tempos de necessidade.

Em um livro recente, *Words Can Change Your Brain*, o médico Andrew Newberg e o coautor Mark Waldman fazem eco às ideias de Whorf e nos dizem precisamente o que significa a conexão palavra-cérebro. Eles descrevem claramente essa relação, ao afirmar: "Uma única palavra tem o poder de influenciar a expressão dos genes que regulam o estresse físico e emocional".

Além disso, Newberg e Waldman revelam uma relação entre nossas palavras e nosso corpo que vai *além* do nível de nossos genes, pois impacta nossa percepção da própria realidade. O fenômeno começa no tálamo, uma pequena glândula próxima ao centro do cérebro, a qual retransmite informações sensoriais para as áreas do cérebro que interpretam, e em seguida agem em conformidade com essa interpretação, os sinais para formar nossas percepções do mundo. Eles escrevem: "Com o tempo, a estrutura do seu tálamo também mudará em resposta às suas palavras,

---

* No original, "*rewire*", isto é, "refazer ou reestruturar a fiação". (N. do T.)

pensamentos e sentimentos conscientes, e acreditamos que as mudanças talâmicas afetam a maneira como você percebe a realidade".

As descobertas que eles relatam se somam a um crescente corpo de evidências, que revela o poder das palavras e como podemos usá-las para que elas nos ajudem em momentos difíceis.

OS CÓDIGOS DE SABEDORIA

As descobertas de Whorf no século XX e as recentes revelações científicas nos campos da neurociência e da biologia estão nos contando a mesma história. Elas apontam para a mesma relação. Nossas palavras influenciam a química em nosso corpo, os neurônios em nosso cérebro e a maneira como nossos neurônios se conectam e "disparam" suas sinapses para determinar:

- *Como* pensamos sobre nós mesmos e resolvemos nossos problemas.
- *O que* somos capazes de pensar.

Essas percepções dão um novo significado aos cânticos, hinos, preces e mantras usados nas tradições do passado. Durante milhares de anos, palavras precisas e frases rituais foram transmitidas de pai para filho, de mãe para filha, de xamã para xamã, de agente de cura para agente de cura. E desde a época dos primeiros escritos, essas são as mensagens que foram preservadas para as gerações futuras nas escrituras sagradas e nos glifos misteriosos que resistiram ao teste do tempo. Hoje, encontramos o legado dos esforços de nossos ancestrais em alguns dos lugares mais remotos, isolados e escondidos da Terra – mosteiros, templos e tumbas que permanecem como abrigos silenciosos de sabedoria atemporal. Também encontramos esse legado verbal registrado na literatura sagrada das tradições espirituais mais veneradas do mundo.

Nossos ancestrais preservaram seus segredos para as pessoas que viviam em sua época, bem como para aqueles que viviam em um futuro que eles só podiam imaginar – *para nós*. Eles sentiam que as gerações futuras precisariam das mesmas âncoras emocionais e da força psicológica para prevalecer nas lutas de guerra, nas situações climáticas extremas e no caos social que experimentaram no seu tempo e que suspeitavam que voltaria. Dos antigos Vedas sânscritos, que se acredita terem se originado há mais de 7 mil anos, ao Mahabharata, os ensinamentos de Buda, os textos "perdidos" da Bíblia judaico-cristã e os mistérios sagrados das tradições indígenas, o poder dos códigos de sabedoria está disponível para nós atualmente, se compreendermos o que eles significam e como aplicá-los às nossas circunstâncias.

COMO USAR ESTE LIVRO

Por mais numerosos e variados que os testes da vida possam parecer à primeira vista, um olhar mais atento voltado para os desafios que enfrentamos revela uma relação sutil entre nossa experiência e nossas percepções. A relação é esta: o que muitas vezes percebemos como questões separadas são, na realidade, expressões diferentes da mesma questão subjacente. Por exemplo, embora seja comum pensarmos em raiva, ciúme e crítica como questões distintas a serem tratadas uma por uma, cada uma delas, em última análise, aponta para a mesma questão central: *o medo não resolvido*. Ao curar (resolver) nosso medo subjacente, eliminamos a necessidade de segurança e as razões pelas quais várias expressões do mesmo medo podem estar aparecendo em nossa vida.

Nossos ancestrais compreenderam essas relações. Eles também compreenderam o poder do *efeito cascata* nas relações – a cura de muitas emoções por meio da resolução de um único medo central. Eles compartilharam o que descobriram como a sabedoria profunda codificada nas palavras sagradas que sobreviveram ao teste do tempo.

Com essas ideias em mente, selecionei um grupo central de códigos de sabedoria que abordam os problemas que mais comumente enfrentamos na vida. Esses códigos atemporais são projetados para nos trazer a maior força e a cura mais profunda, da maneira mais rápida possível.

Cada uma das cinco primeiras partes deste livro é dedicada a uma das questões centrais que mais nos desafiam na vida: proteção, medo, perda, força e amor. Incluí duas partes adicionais que nos empoderam por meio de sua compreensão e uso. A Parte Seis apresenta os *códigos de poder* "Eu quero" e "Eu sou", e a Parte Sete apresenta duas parábolas para nos lembrar de duas verdades (de cura) sobre nós mesmos.

Para um acesso fácil e consistente, cada seção é organizada com o seguinte formato:

- O próprio **código de sabedoria, código de poder** ou **parábola**: uma citação direta de um texto, escritura ou ensinamento reverenciado, e vindo de nosso passado.
- O **uso** do código de sabedoria: a experiência pretendida; o código foi planejado para abordar essa experiência.
- A **fonte** do código de sabedoria: uma referência ao lugar aonde você pode ir para lê-lo diretamente, ou para descobrir um contexto maior para si mesmo.
- A **discussão** do código de sabedoria: seu contexto, seu significado e nosso conhecimento sobre como podemos aplicá-lo em nossa vida.

Embora este livro possa ser lido de capa a capa como uma narrativa contínua, ele também foi concebido como um manual – uma coleção de sabedoria que coloca ao nosso alcance acesso imediato a uma referência rápida e à força emocional nela contida.

Por meio das palavras antigas daqueles que experimentaram em suas vidas os mesmos desafios de perda, medo, escolhas difíceis e profundas feridas que você enfrenta hoje, você está ligado a esses ancestrais pelo fio comum da experiência humana atemporal. É nesses momentos que os séculos entre aquela época e o agora se dissolvem, e o domínio do passado pode se tornar o domínio que você tem no momento. Sou grato a você pela exploração que o levará a sondar os códigos de sabedoria nas páginas que se seguem.

Gregg Braden

Santa Fé, Novo México

Como usar os códigos de sabedoria

Nestes tempos de necessidade, eu o convido a abrir os *Códigos de Sabedoria*, ir até o sumário e, em seguida, explorar uma seção que lhe atraia ou que reflita a natureza de um desafio que você está enfrentando no momento.

Os passos a seguir descrevem uma sequência testada pelo tempo para você aplicar os códigos de sabedoria e de poder em sua vida, da mesma maneira que eles serviram aos nossos ancestrais no passado.

Passo 1. Familiarize-se com o código de sabedoria que você selecionou, lendo sua fonte e seu *background*. Este poderoso primeiro passo cria uma abertura que convida as palavras do passado a servi-lo no presente. Por exemplo, saber que as mesmas palavras que protegeram Moisés 3 mil anos atrás durante sua perigosa jornada para receber os Dez Mandamentos no Monte Sinai estão disponíveis hoje nos dá uma razão para acreditar que o "escudo protetor" que ele recebeu em sua época também está disponível a nós atualmente.

Passo 2. Mude seu foco com a Técnica de Coerência Rápida. Os passos simples de mudar seu foco e sua respiração, descritos no *boxe* a seguir, despertam uma rede de células especializadas em seu coração, conhecidas como *neuritos sensoriais*, que coloca em movimento uma sequência de sinais hormonais e elétricos em seu corpo e cria uma abertura emocional que lhe permite abraçar um novo ponto de vista.

Focalizar nossa percepção no coração é uma medida efetiva porque, embora o cérebro normalmente perceba o mundo como um lugar repleto de polaridades, como esquerda/direita, bom/mau, sucesso/fracasso, e assim por diante, o coração não percebe isso. Ele é um órgão não polar. Quando abraçamos os códigos de palavras a partir da perspectiva unificada da inteligência do nosso coração, damos a nós mesmos objetividade e uma maneira mais saudável de reconhecer nosso desafio.

Muitas descobertas que mudam paradigmas e que se relacionam com o coração humano foram feitas por cientistas do Instituto HeartMath, uma organização de pesquisas pioneiras dedicadas a compreender o pleno potencial do coração humano. Ao compreender as condições de foco e respiração que criam harmonia no corpo (um estado conhecido como *coerência psicofísica*), podemos criar essas condições para otimizar o potencial dos códigos de palavras em nossa vida. A técnica para alcançar essa harmonia é apropriadamente chamada de Técnica de Coerência Rápida (*Quick Coherence Technique*) porque foi refinada em dois passos simples.

Individualmente, esses passos enviam sinais ao corpo que aliviam o estresse e otimizam nosso potencial para a cura. Combinada, a técnica cria uma harmonia de corpo inteiro que, normalmente, experimentamos na vida quando nos sentimos seguros e temos uma sensação de bem-estar.

Técnica de Coerência Rápida

Comece mudando o foco para o coração e respire. Mude o foco da sua mente para a área do coração e comece a respirar um pouco mais devagar que o normal, como se a respiração viesse do coração. Quando sua respiração desacelera, você está enviando um sinal para o seu corpo em geral, e para o seu coração em particular, informando-lhe que você está em um lugar seguro e pode voltar sua atenção para dentro.

Esse passo pode ser, em si mesmo, uma poderosa técnica autônoma quando você se sente oprimido pelos eventos do dia ou simplesmente anseia por estar mais conectado consigo mesmo. Também estabelece a base para o Passo B da seguinte maneira:

> **Em seguida, ative um sentimento positivo.** A partir do centro do coração, procure, com sinceridade, experimentar um sentimento regenerativo, como gratidão, apreço ou cuidado por alguém ou alguma coisa em sua vida. A chave, neste passo, consiste em, primeiro, criar o sentimento com o melhor de sua capacidade e, em seguida, render-se a esse sentimento, abraçando-o plenamente enquanto lhe permite irradiar-se de seu coração para preencher seu corpo e permear todo o seu ser.
>
> Os passos simples a seguir criam as condições em seu corpo para otimizar a harmonia e a coerência entre seu coração e seu cérebro.
>
> *(Adaptado com permissão do Instituto HeartMath).*

Passo 3. Releia o código de sabedoria. A partir da perspectiva da conexão coração/cérebro que você criou no Passo 2, releia o código de sabedoria que você escolheu, silenciosamente ou em voz alta. Sem julgar a gramática antiga, e às vezes desajeitada, a estrutura pobre das frases ou as diferenças de tradução, permita que a sabedoria e a intenção da mensagem permeiem todo o seu ser no momento presente. Com o melhor de sua capacidade, sinta a intenção como se você estivesse pronunciando o código, a prece, o hino ou o mantra diretamente de seu coração. Antigas tradições, como as dos monges do Tibete, geralmente pronunciam seus códigos de sabedoria enquanto exalam o ar.

Continue falando ou respirando as linhas de seu código de sabedoria durante, no mínimo, 3 minutos. Cientistas descobriram que esse é um tempo mínimo para o corpo bloquear suas respostas às mudanças emocionais que você está criando por meio dos códigos de palavras.

Passo 4. Observe como seu corpo se sente. Ele responderá rapidamente às mudanças que você criar em sua percepção e em sua respiração. Embora essas mudanças possam ser inicialmente sutis, elas se tornam mais evidentes à medida que você se sintonizar mais com as sensações.

- Preste atenção em suas sensações físicas: "Você se sente ansioso ou calmo? Nervoso ou relaxado?".
- Preste atenção em suas emoções: "Você se sente com medo ou seguro? Fora de controle ou sob controle?".

Não há experiências corretas ou incorretas. Aqui a chave consiste em notar a diferença que ocorreu desde que você começou o processo de codificação de palavras e agora.

Você pode repetir esse processo muitas vezes ao dia, inclusive como a primeira coisa que você faz para começar o dia e a última coisa antes de dormir à noite. Como acontece com qualquer outra habilidade, quanto mais você pratica a criação de coerência entre o coração e o cérebro, mais fácil se torna essa criação. E, com essa facilidade, cada vez mais natural a experiência se tornará. Com facilidade cada vez maior, você será capaz de manter a conexão coração/cérebro por períodos cada vez mais longos.

Embora os estudos científicos descrevam a coerência, e o porquê de ela funcionar da maneira como funciona, nossos ancestrais não precisavam da ciência para se beneficiar da harmonia que a coerência lhes proporcionava em suas vidas. Eles descobriram que as técnicas de regular a respiração e de criar um foco no coração, em momentos de necessidade, forneceram a eles a vantagem, ou a acuidade, de que necessitavam para sobreviver às situações extremas de suas vidas. Se você estiver interessado nos detalhes científicos da coerência coração/cérebro, suas descobertas e aplicações, consulte os capítulos 1 e 2 em meu livro de 2014, *Resilience from the Heart* (consulte os Recursos).

As palavras são os códigos

*Palavras podem acender fogueiras na mente dos homens.
Palavras podem arrancar lágrimas dos corações
mais empedernidos.*

– Patrick Rothfuss, Escritor

Já se disse que a melhor maneira de esconder algo de valor é mantê-lo à vista de todos. Os antigos Textos das Pirâmides descobertos no complexo do templo de Sacará, no Egito, oferecem um belo exemplo desse princípio. O vasto labirinto de câmaras contém um segredo que esteve plenamente visível por mais de 4 mil anos para todos os que tiveram acesso ao complexo subterrâneo. As passagens com inscrições sob a pirâmide de Unas da Quinta Dinastia estão cobertas do piso ao teto com hieróglifos que revelam uma mensagem surpreendente.

UM MAPA PARA O MUNDO QUE VIRÁ

As instruções que indicam como a alma humana viaja após a morte do corpo físico para o mundo que virá estão inscritas, gravadas e entalhadas nas paredes. Mas as inscrições notavelmente bem preservadas oferecem mais do que simplesmente um manual sobre como realizar a jornada. Além da alquimia da própria transição, os textos reconhecem uma miríade de emoções, como preocupação, dúvida, ansiedade e medo, que inevitavelmente vêm com essa jornada.

Depois de viver uma vida humana típica de relacionamentos complexos e íntimos, escolhas difíceis e os desafios impostos pela pura e simples necessidade da sobrevivência, na ocasião da morte a alma naturalmente questiona as decisões que ela tomou ao longo de sua vida. E é essa avaliação da vida pessoal que pode levar a um sentido de dúvida quando se trata dos sentimentos da alma de ser digna do mundo que virá.

Na ausência de alguém fisicamente presente para oferecer conforto e segurança à alma em transição do rei Unas, os antigos escribas que colocaram essas mensagens nas paredes recrutaram um princípio substituto que teria sido bem conhecido na época por iniciados de todas as seitas religiosas no Egito. A chave para apoiar a alma em sua jornada na morte consistia em desencadear uma poderosa mudança no pensamento *antes* da hora da morte. É essa mudança que iniciaria o processo físico que garantiria para a alma uma jornada bem-sucedida à vida após a morte.

O sucesso dessa iniciação pré-morte dependia do fato de os textos nas câmaras mortuárias serem idênticos aos textos com os quais a alma – neste caso, a alma do rei Unas – já havia se familiarizado antes de sua morte. Isso significa que, no momento de sua morte, o rei *já* estava pensando em sua jornada para a vida após a morte. Ele *já* estava preparado emocionalmente para acomodar a mudança de energia para a transição que estava prestes a fazer. A "fiação" de seu cérebro *já* havia sido programada para suportar a nova experiência. Os hieróglifos nas paredes do templo foram o catalisador para uma mudança de pensamento que o rei Unas *já* havia adotado. A chave aqui está no fato de que os hieróglifos (palavras pictóricas) eram os códigos que acionavam as mudanças.

O SEGREDO NOS HIMALAIAS

Cada dia no platô tibetano é, ao mesmo tempo, verão e inverno – verão na intensidade do sol direto que incide naquelas altitudes elevadas e inverno quando o sol desaparece atrás dos picos recortados dos Himalaias. Convidei 40 outras pessoas para se juntar a mim em uma jornada que nos levou até aqui, do outro lado do mundo, para um dos lugares de conhecimento mais remotos, isolados, magníficos e sagrados que ainda existem atualmente: um antigo mosteiro tibetano.

Durante catorze dias, aclimatamos nossos corpos a altitudes de mais de 4.800 metros acima do nível do mar. Havíamos cruzado um rio gelado em barcaças de madeira talhadas à mão e nosso antigo ônibus chinês nos conduziu durante horas com nossos olhos espiando uns aos outros por cima das máscaras cirúrgicas que nos protegiam da nuvem de poeira que flutuava através do piso do ônibus.

Agarrando-nos aos assentos ao nosso redor, e até mesmo um nos outros, tínhamos colocado nossos cintos e, enquanto cruzávamos pontes destruídas e o deserto sem estradas, éramos sacudidos de dentro para fora apenas para estar neste exato lugar. Mas a beleza do destino valeu perfeitamente o preço dos solavancos e da poeira. Se os mosteiros fossem de fácil acesso, milhares de pessoas teriam feito a jornada ao longo dos tempos, e a sabedoria preservada nesses santuários atemporais provavelmente teria sido perdida para o "progresso". Nesse dia, eu estava sentado com meu grupo no frio chão de pedra de uma capela sem janelas, esperando por nosso primeiro encontro com o ancião desse antigo templo.

AS PALAVRAS SÃO OS CÓDIGOS

Concentrei minha atenção diretamente nos olhos desse belo homem de aparência atemporal, envolto em túnicas de cor castanha, sentado em postura de lótus à minha frente. Ele era o abade do mosteiro. Com a ajuda de nosso tradutor, acabei por fazer a ele a mesma pergunta que fizera a cada monge e freira com os quais me encontrei durante nossa peregrinação. "Quando vemos suas preces", comecei, "o que você está *fazendo* em seu corpo? Quando o vemos entoar mantras durante quatorze a dezesseis horas por dia do lado de fora do mosteiro, o que está acontecendo com você do lado de dentro?"

Quando o tradutor compartilhou a resposta do abade, uma sensação poderosa percorreu meu corpo e eu sabia que essa era a razão pela qual tínhamos vindo a esse lugar. "Você nunca viu nossas preces", ele respondeu, "porque uma prece não pode ser vista". Ajustando as pesadas vestes de lã sob seus pés, o abade continuou. "O que você viu é o que fazemos para criar o sentimento em nossos corpos. *O sentimento é a prece e as palavras criam o sentimento!*"

OS CÓDIGOS DE SABEDORIA

A clareza da resposta do abade refletiu as descobertas que foram relatadas em revistas científicas recentes. Ele estava me dizendo que as *palavras* dos antigos cânticos são catalisadores que provocam sentimentos capazes de mudar o corpo da pessoa que as oferece. As palavras são os códigos.

Sua mensagem ecoou ideias registradas nas antigas escrituras das tradições gnósticas e cristãs do Ocidente há mais de 2 mil anos.

Nas primeiras traduções do livro bíblico de João (capítulo 16, versículo 24), por exemplo, somos instruídos a empoderar nossas preces por meio de palavras que nos convidam a *estar* circundados pelo sentimento de que nossa prece já foi respondida. "Pergunte sem um motivo oculto e *seja* cercado por sua resposta. *Seja* envolvido pelo que você deseja para que sua alegria seja plena."

Como vemos, são as *palavras* que inflamam a emoção, a qual, por sua vez, empodera nossas preces como a cascata de eventos que as seguem.

Quando nos permitimos abraçar plenamente o que nossas palavras faladas significam nos níveis mais profundos de percepção, elas desencadeiam as respostas neurológicas e biológicas que refletem a intenção dos códigos.

O poder potencial de catalisar tal reação em cadeia biológica é claramente identificado pelo escriba Tomé no evangelho perdido ao qual seu nome está associado. Ele afirma que, se fizermos isso, poderemos dizer a uma montanha: "Montanha, afaste-se", e ela se afastará.

Se a sabedoria era tão poderosa na Antiguidade e funcionava de maneira consistente ao longo de um enorme período de tempo no passado, então ela ainda deve ser útil a nós atualmente! Usando uma linguagem quase idêntica, o abade tibetano e o evangelho gnóstico estavam descrevendo o mesmo princípio.

Por mais de 5 mil anos, nossas tradições espirituais mais antigas e estimadas reconheceram a relação entre as palavras que usamos e a maneira como nosso cérebro funciona. Eles confiaram em padrões de palavras específicos, que recitavam – preces, mantras, hinos e cânticos – para lhes fornecer inspiração, segurança, conforto e cura quando eram defrontados com os desafios inevitáveis da vida cotidiana. E, embora os povos indígenas antigos não fossem cientistas pelos padrões de hoje, eles compreendiam perfeitamente bem os efeitos dos códigos de palavras.

Embora os tempos tenham mudado, não somos tão diferentes de nossos ancestrais na maneira como reagimos quando os testes da vida chegam à nossa porta. Ainda sofremos com a perda de nossos entes queridos. Ainda pedimos proteção quando estamos com medo. Ainda buscamos orientação quando fazemos escolhas difíceis. E, como faziam nossos ancestrais, ainda nos beneficiamos com os códigos de sabedoria que eles descobriram em sua época.

PARTE UM

proteção

Não sei se aquilo de que tenho medo é o estado do mundo. Em vez disso, acho que aquilo de que tenho medo é do estado de minha atitude a respeito do estado do mundo.

— Craig D. Lounsbrough,
Terapeuta e *Couch* de Vida

PROTEÇÃO

Como toda a humanidade compartilha certos medos, temos uma sensação universal de que, às vezes, precisamos de refúgio e proteção. Às vezes, sentimos necessidade de nos proteger de forças que podem ser vistas, como uma ameaça física óbvia. Se, por exemplo, estamos nos protegendo de um colega de trabalho zangado, tomamos as medidas necessárias para evitar ou resolver a raiva que se dirige contra nós. Esse é o tipo de proteção mais fácil de identificar, de justificar e de remediar.

Mas, às vezes, sentimos a necessidade de nos proteger de forças que não são tão óbvias, porque não podemos vê-las. Forças invisíveis podem ser mais difíceis de remediar. São as essas forças que nossos ancestrais se relacionavam graças ao uso de códigos de sabedoria que mudam nossa perspectiva e, por sua vez, a química de nossos corpos, para nos blindar quando sentimos a necessidade de proteção pessoal. Os códigos de sabedoria que comentamos a seguir e utilizados para a proteção foram retirados de preces tradicionais das tradições cristã, budista e védica.

código de sabedoria 1

Salmo 91

CÓDIGO DE SABEDORIA 1: Aquele que vive na habitação do Altíssimo e descansa à sombra do Todo-Poderoso desfrutará sempre da sua proteção. Sobre o Eterno declara: "Ele é meu refúgio e minha fortaleza, o meu Deus, em quem deposito toda a minha confiança.

USO: Proteção. Este código foi criado pelo profeta Moisés ao escalar o Monte Sinai para protegê-lo de forças desconhecidas durante sua ascensão. Tornou-se um padrão para a proteção e cujo uso se estende desde os desafios da vida cotidiana até a segurança de exércitos inteiros preparando-se para a batalha.

FONTE: Bíblia Sagrada, Versão King James, capítulo 91, versículos 1-2.

Entre os 39 livros do Antigo Testamento da Bíblia Cristã Protestante, o Livro dos Salmos é único. O tema geral dos 18 livros que precedem os Salmos, e dos 20 que os seguem, está no fato de que eles contêm principalmente informações, instruções e mandamentos dirigidos *a partir de* Deus *para o* povo da Terra. É nisso que os Salmos são diferentes. Eles fazem exatamente o oposto.

Em vez de preservar as revelações divinas recebidas *de* Deus, os 2.461 versículos que compõem o Livro dos Salmos são hinos – canções de honra e de adoração – destinadas a serem oferecidas *a* Deus. Em outras palavras, os Salmos são preces já prontas para ser utilizadas em situações que vão desde os desafios gerais da vida cotidiana até preces específicas destinadas a famílias e comunidades em tempos de necessidade.

O Salmo 91, também conhecido ocasionalmente como a Oração de Moisés, a Oração de Proteção e a Oração do Soldado, é um dos exemplos mais poderosos daquilo a que estou me referindo.

Nota: Por causa das diferenças na tradução e da maneira como os Salmos são numerados, o Salmo 91 na Bíblia King James era o Salmo 90 na versão grega da Bíblia, muito mais antiga, chamada de Septuaginta, que a precede em aproximadamente 1.700 anos.

SALMO 91

O antigo Zohar hebraico, o texto fundamental da Cabala mística, descreve como o Salmo 91 protegeu o profeta Moisés na segunda vez que ele subiu ao topo do Monte Sinai, quando recebeu os Dez Mandamentos. O Zohar descreve como Moisés foi envolvido durante sua ascensão por uma nuvem misteriosa de substância e origem desconhecida. A nuvem tornou-se tão densa que ele não conseguia mais ver nada à sua frente, nem podia ser visto por quem o observava a partir da parte inferior da nuvem. Moisés não sabia o que estava acontecendo, o que a nuvem significava ou o que esperar dessa situação. Ele não sabia se voltaria a se reunir com sua família, seus amigos e seus seguidores.

Foi durante esse tempo de incerteza e de medo que Moisés compôs e recitou o Salmo 91 para sua proteção. Por razões que atribuiu ao poder dessa oração, Moisés, de fato, foi protegido. Ele continuou a escalar até atingir o topo do Monte Sinai, onde recebeu as tábuas de pedra gravadas com instruções que têm sido obedecidas como lei primária para os seguidores das religiões judaica e cristã nos últimos 3 mil anos ou mais.

Embora a oração original de Moisés, em sua totalidade, consistisse em 16 versos, é frequentemente abreviada nos dois versos seguintes, para facilidade de uso e quando o tempo é essencial:

> *Aquele que vive na habitação do Altíssimo e descansa à sombra do Todo-Poderoso desfrutará sempre da sua proteção.*
> *Sobre o Eterno declara: Ele é meu refúgio e minha Fortaleza, o meu Deus, em quem deposito toda a minha confiança.*

Um olhar mais atento a essa oração revela que a fonte da proteção que ela oferece vem das camadas mais profundas de significado, que podem ser conhecidas por aqueles que compreendem o código.

OS NOMES CODIFICADOS DE DEUS

Embora livros inteiros tenham sido dedicados a revelar o mistério da Oração de Proteção de Moisés, na discussão a seguir me concentrarei nos nomes codificados para Deus que se encontram em toda a oração e na proteção que eles nos fornecem, começando com *Altíssimo*.

Nome codificado 1: ALTÍSSIMO

O primeiro nome codificado de Deus é *Altíssimo*. No hebraico bíblico, isso é normalmente traduzido do aramaico (o idioma original das Escrituras) como *El Elyon*, que significa "Deus Altíssimo" ou "Deus, o mais elevado", indicando que nada pode ser maior ou mais poderoso do que a essência da força representada nesse nome. A aplicação dessa palavra-código está presente no início do Antigo Testamento (Gênesis 14:19-20): "Bendito seja Abrão pelo Deus *Altíssimo*, que criou os céus e a terra! Seja louvado o Deus *Altíssimo*, que entregou teus inimigos nas tuas mãos".

Nome codificado 2: ONIPOTENTE

O segundo dos nomes ocultos de Deus é a palavra *Onipotente* (ou *Todo-Poderoso*) e é normalmente traduzida do aramaico pelos estudiosos do Oriente Médio como *Shaddai* (que significa "Onipotente") ou *El Shaddai* (que significa "Deus Onipotente"). Esse é um dos sete nomes de Deus que são substituídos pelo nome efetivamente mais usado, mais de 6.800 vezes, na Bíblia Hebraica. Os outros seis nomes são *Ehyeh*, que significa "Eu serei"; *Tzevaot*, que significa "hospedeiro"; *Elohim*, que significa "deuses"; *El*, que significa "Deus"; e *Eloah*, que também significa "Deus".

Nome Codificado 3: SENHOR

O terceiro nome codificado é talvez o mais direto, misterioso e poderoso. É o nome pessoal de Deus: *Yahweh*. Após a revelação inicial de sua identidade a Moisés no Monte Sinai como "Eu Sou", Moisés pediu um esclarecimento sobre como ele deveria se dirigir a Deus quando estivesse em sua presença. A resposta foi a revelação única do nome pessoal de Deus ao povo da terra. Em Êxodo 6:2-3, Deus declarou a Moisés, de modo inequívoco: "Eu sou Yahweh".

Nos primeiros registros da Bíblia Hebraica, antes da escrita dos textos massoréticos oficiais do século VI, o nome pessoal de Deus era claramente identificado como Yahweh. Porém, como a tradição judaica ortodoxa mantém esse nome de maneira tão sagrada, ele nunca deve ser escrito ou falado como uma palavra comum. Por esses motivos, o nome pessoal de Deus foi substituído aproximadamente 6.800 vezes na Bíblia Hebraica por nomes alternativos, como Adonai, Elohim e Senhor.

Nome Codificado 4: DEUS

O quarto nome codificado, Deus, é traduzido do hebraico *Elohim* e é o nome mais comum usado para designar Deus no Antigo Testamento. Embora continue a haver incerteza e mistério quanto à tradução precisa dessa palavra, em geral, ela é associada a Deus Criador.

As primeiras percepções profundas sobre a natureza dessa palavra misteriosa se encontram em Gênesis 1:1, onde a primeira sentença afirma: "No princípio, Deus criou os céus e a terra". Nessa referência, faz-se alusão a Deus no singular, como o Criador. Porém, mais adiante, o Gênesis 1:27 nos oferece um sentido mais profundo do poder dessa criação.

Gênesis 1:27 começa com esta afirmação: "Deus, portanto, criou os seres humanos à *sua* imagem, à imagem de Deus os criou", indicando que a humanidade é um reflexo de uma essência singular. No entanto, na segunda parte da mesma sentença, a descrição desse ato primordial de criação se expande: "Macho ou fêmea *os* criou", uma referência que é dual em vez de singular. (Os itálicos são meus.) Dessa maneira, nos é mostrado o poder todo-inclusivo do Criador tanto no singular como no plural.

A Oração do Soldado

Além de oferecer uma fonte de proteção pessoal, desde os tempos de sua origem, o Salmo 91 também é utilizado como uma prece de proteção por exércitos inteiros enquanto se preparavam para a batalha. Por exemplo, durante a Primeira Guerra Mundial, era comum que unidades militares recebessem a tarefa de memorizar a Oração do Soldado na noite anterior à batalha. Ao fazer isso, a Oração de Proteção de Moisés ocupava seus corações e mentes, preparando-os para o combate corpo a corpo que estavam prestes a enfrentar nos campos de batalha da Europa.

Como mencionamos anteriormente, embora os primeiros dois versos sejam muitas vezes recitados como uma breve prece de proteção, a oração inteira também pode ser utilizada, e com frequência o é. Eis, a seguir, uma versão completa do Salmo 91, em uma das traduções oficiais – com os vários nomes de Deus nas linhas individuais destacadas para a sua conveniência.

Aquele que vive na habitação do Altíssimo e descansa à sombra do Todo-Poderoso desfrutará da sua proteção.

Sobre o Eterno declara: Ele é meu refúgio e minha fortaleza, o meu Deus, em quem deposito toda a minha confiança.

Ele te livrará do laço do inimigo ardiloso e da praga mortal.

Ele te cobre com suas plumas, e, debaixo de suas poderosas asas te refugias, sua fidelidade é escudo e armadura.

Não temas o terror que campeia na calada da noite, tampouco a sete que procura seu alvo durante o dia.

Não temas a peste que se move sorrateira nas trevas, nem o demônio que devasta ao meio-dia.

Ainda que caiam mil ao teu lado, e dez mil à tua direita. Tu não serás atingido.

Somente teus olhos perceberão e contemplarão a retribuição destinada aos ímpios.

Porquanto afirmaste: O Senhor é o meu refúgio e fizeste do Altíssimo a tua morada.

Nenhum mal te alcançará, desgraça alguma chegará à tua tenda porque a seus anjos Ele dará ordens a teu respeito, para que te guardem em todos os teus caminhos; com as mãos eles te sustentarão, para jamais tropeces em alguma pedra.

Poderás pisar sobre o leão e a víbora; pisotearás o leão forte e a serpente mais vil. Porque ele me ama, Eu o resgatarei; Eu o protegerei, pois este conhece o meu Nome.

Sempre que chamar pelo meu Nome hei de responder-lhe; estarei sempre com ele; nos momentos mais difíceis quando enfrentar tribulações, Eu o resgatarei e farei que seja devidamente honrado.

Eu o contemplarei com vida longa e lhe revelarei a minha Salvação, assim disse o Eterno!.

COMO USAR O CÓDIGO DE SABEDORIA 1

O poder dos códigos de sabedoria vem de sua repetição, a qual é realizada com a voz afirmativa. Isso imprime um código na mente subconsciente. Quando criamos harmonia entre coração e cérebro, como descrevemos em "Como Usar os Códigos de Sabedoria" (consulte a página 21), abrimos uma "linha direta" de comunicação com a mente subconsciente.

A partir de um lugar de harmonia entre coração e cérebro, recite esse código linha por linha, silenciosamente em sua mente ou em voz alta, até sentir uma intensificação da sensação de confiança e de certeza de que você não está sozinho. A chave está em abraçar esse código tendo por foco o fato de que a percepção, a respiração e o sentimento estão concentrados no coração, e não na mente.

- *Aquele que vive na habitação do Altíssimo e descansa à sombra do Todo-Poderoso.*
- *Sobre o Eterno declara: Ele é meu refúgio e minha fortaleza, o meu Deus, em quem deposito toda a minha confiança.*

Notas

código de sabedoria 2

Prece Budista de Refúgio

CÓDIGO DE SABEDORIA 2: No Buda, no *Dharma* e na *Sangha*, eu me refugio até atingir a iluminação.

USO: Proteção. Este código responde à necessidade de proteção pessoal em um nível espiritual por um período específico.

FONTE: Forma abreviada da Prece de Refúgio do Budismo Tibetano tradicional. O texto completo está incluído na discussão a seguir.

A Prece Budista de Refúgio tem origens incertas. Embora o grande yogue Atiśa (Atiśa Dīpamkara Śrījñāna) seja com frequência considerado o autor dessa prece, permanece a incerteza e a controvérsia a respeito de ter ele criado pessoalmente a prece ou se ele apenas contribuiu para a divulgação dos ensinamentos que lhe são atribuídos. Como um mestre das tradições budistas, Atiśa organizou e destilou a essência dos 84 mil ensinamentos de Buda em um único texto seminal que ainda é usado atualmente. Em seu texto clássico *Lamp for the Path to Enlightenment* [*Uma Lamparina para o Caminho da Iluminação*], Atiśa descreve as práticas que compõem a Prece Budista de Refúgio.

O Código de Sabedoria 2 é conhecido por nomes que incluem a Prece de Refúgio, a Instrução sobre o Refúgio, a Oração de Refúgio de Atiśa e, mais comumente, a Oração das Três Joias. Na tradição tibetana, a prece é chamada de *kyamdro*, palavra entendida como uma instrução para se refugiar nos três elementos fundamentais, ou joias, do budismo: o Buda (os ensinamentos do ser iluminado que descobriu o caminho), o *Dharma* (a verdade eterna da realidade) e a *Sangha* (a comunidade de outros budistas – tradicionalmente, freiras, monges e suplicantes), descrita nos parágrafos a seguir.

ANATOMIA DA PROTEÇÃO
BUDISTA TIBETANA

Os códigos químicos da vida humana, nossos filamentos de DNA, são normalmente simplificados usando-se quatro letras do alfabeto – C, T, A, G – como uma abreviatura que representa as quatro proteínas que tornam a vida possível: citosina, timina, adenina e guanina. Embora algumas proteínas contenham até centenas de aminoácidos subjacentes, se usarmos diferentes combinações da notação abreviada, é possível ler, escrever e descrever até mesmo as proteínas mais complexas com rapidez e facilidade. A Prece Budista de Refúgio funciona de maneira muito semelhante.

Embora a própria prece contenha muitas camadas de profundidade e de significado, a essência da prece é representada por apenas três breves versos. E assim como as letras simples C, T, A e G representam um significado mais profundo para os códigos de DNA, cada versículo do Código de Sabedoria 2 representa uma compreensão mais profunda de nós mesmos e das experiências de nossa vida. A seguir está uma breve anatomia dessa prece, descrevendo o próprio significado de *refúgio* e quatro princípios subjacentes que nos indicam vários graus de refúgio em nossa vida.

O SIGNIFICADO DE REFÚGIO

Os textos budistas tradicionais descrevem diferentes tipos e vários graus de refúgio que podemos buscar ao longo de nossa vida. Com relação ao Código de Sabedoria 2, a palavra *refúgio* pode significar inicialmente proteção contra o sofrimento, adotando, para isso, formas de pensar e de viver que refletem os ensinamentos de Buda. Esse tipo de refúgio é descrito atribuindo-lhe a forma de três "objetos" ou princípios: Buda, o *Dharma* e a Assembleia Suprema, ou *Sangha*. A seguir, temos uma breve descrição de cada princípio e o que ele significa em nossa vida.

Princípio 1. Refúgio em Buda

O primeiro objeto de refúgio é o caminho de Buda, ou o próprio budismo. "Refugiar-se em Buda" é comprometer-se com um caminho de pensamento consciente e de ação e atenção plenas, planejado para nos levar a um maior estado de percepção de nós mesmos, bem como de nosso relacionamento com o mundo. Esse caminho requer um compromisso com uma relação mais profunda entre nós e a iluminação que Buda nos diz ser possível em nossa vida.

Princípio 2. Refúgio no Dharma

O segundo objeto de refúgio é o Dharma. No contexto da Prece de Proteção de Buda, esse refúgio é encontrado nos escritos (escrituras budistas) que harmonizam as emoções instáveis e terríveis da mente. Ao mudar nossa atenção dos assuntos caóticos do mundo para a harmonia que se reflete na natureza e no corpo humano nos libertamos do medo e do sofrimento.

Princípio 3. Refúgio na *Sangha*

O terceiro objeto de refúgio é a *Sangha*. Esta é uma referência a passar o tempo na companhia de *Bodhisattvas*, seres que alcançaram um estado avançado de consciência. Eles são seres compassivos que, embora já tenham alcançado um estado de iluminação, optam por permanecer no domínio não iluminado da vida cotidiana na terra para aliviar o sofrimento daqueles que ainda não alcançaram o mesmo estado.

Princípio 4: Ore por uma Duração Ilimitada

Há um quarto princípio que completa esse código. É a última parte da recitação, que especifica a duração do refúgio e proteção que a pessoa que usa o código está procurando. Esse parâmetro é simplesmente declarado: "Até atingir a iluminação". Na seita *Mahayana* do budismo, esse estado de iluminação é descrito com clareza. É a realização bem-sucedida da consciência do *Bodhisattva*. Considerada literalmente, a conclusão do Código de Sabedoria 2 nos diz que o refúgio e a proteção que estamos pedindo devem ser sustentadas até que tenhamos alcançado a iluminação e nos tornado um *Bodhisattva*. O voto que combina esses quatro princípios é a fonte do poder do código.

A tradução da versão inglesa para o português desse código de sabedoria atemporal é pronunciada da seguinte maneira:

Em Buda, no Dharma *e na* Sangha, *eu me refugio até atingir a iluminação.*

Na língua sânscrita, foi essa a origem do código, cada fragmento do código de sabedoria começa com a palavra *namo*, que significa "homenagem" ou "reverência". É pronunciado desta maneira:

Namo Buddhaya;

Namo Dharmaya;

Namo Sanghaya.

COMO USAR O CÓDIGO DE SABEDORIA 2

O poder dos códigos de sabedoria vem de sua repetição, a qual é realizada com a voz afirmativa. Isso imprime um código na mente subconsciente. Quando criamos harmonia entre coração e cérebro, como descrevemos em "Como Usar os Códigos de Sabedoria" (consulte a página 21), abrimos uma "linha direta" de comunicação com a mente subconsciente.

A partir de um lugar de harmonia entre coração e cérebro, recite a versão pela qual você se sente mais atraído, silenciosamente ou em voz alta, até sentir uma intensificação da sensação de confiança e de certeza de que você não está sozinho. A chave está em abraçar esse código tendo por foco o fato de que a percepção, a respiração e o sentimento estão concentrados no coração, e não na mente.

Tradução em inglês do antigo sânscrito para o português

Em Buda, no Dharma *e na* Sangha, *eu me refugio até atingir a iluminação.*

Palavras originais em sânscrito antigo

Namo Buddhaya;

Namo Dharmaya;

Namo Sanghaya.

Notas

Notas

código de sabedoria 3

O Pai-Nosso

CÓDIGO DE SABEDORIA 3: Pai-Nosso que estás nos céus, santificado seja o teu nome; venha o teu reino; seja feita a tua vontade, assim na terra como no céu.

USO: Este código se refere à necessidade de proteção pessoal tanto no nível físico como no espiritual.

FONTE: Esta parte do Pai-Nosso é traduzida do dialeto siríaco original de um antigo evangelho em aramaico. É uma versão abreviada e independente da oração original mais longa, que aparece em Mateus, capítulo 6, versículos 9-13, e em uma versão mais curta em Lucas, capítulo 11, versículos 2-4.

O Pai-Nosso, também ocasionalmente conhecido como Oração do Senhor, seria, entre os antigos códigos de palavras, o mais conhecido e mais amplamente usado na tradição cristã. No entanto, por mais reconhecido que ele seja, permanece entre os estudiosos a controvérsia quanto a (1) onde as palavras da oração se originaram e (2) quanta liberdade se tomou com as palavras nas várias traduções ao longo dos séculos.

A FONTE MISTERIOSA DO PAI-NOSSO:
O Evangelho Perdido Quelle ou Evangelho Q

Os estudiosos da Bíblia suspeitam que o Pai-Nosso teve origem em um de dois lugares possíveis no Novo Testamento da Bíblia Cristã.

A forma mais longa da oração vem do livro de Mateus. Faz parte do ensino histórico de Jesus conhecido como Sermão da Montanha e está registrado no capítulo 6, versículos 9-13 desse evangelho tradicional.

Uma forma mais breve da oração deriva de outro ensinamento que Jesus ofereceu aos seus discípulos, e que não é o Sermão da Montanha. Essa versão é descrita em Lucas, capítulo 11, versículos 2-4.

A controvérsia sobre suas origens decorre do fato de que o Pai-Nosso *não está* registrado naquele que é considerado um dos registros mais confiáveis dos eventos históricos que ocorreram nos dias de Jesus: o livro de Marcos. A questão é: "Por que isso seria observado nos livros de Mateus e de Lucas, mas ficou, curiosamente, ausente em Marcos?". A resposta surgiu com a descoberta de um evangelho bíblico oculto, mas reverenciado, só descoberto recentemente, no final do século XX: o Evangelho Perdido de Quelle ou Q. *Quelle* significa "fonte" em alemão. Os estudiosos geralmente abreviam o nome para Evangelho Q ou simplesmente Q.

O Evangelho Q não apareceu de maneira repentina e óbvia como, por exemplo, o Evangelho "perdido" de Tomé, que foi descoberto intacto por dois irmãos em um jarro lacrado perto da aldeia egípcia de Nag

Hammadi em 1945; nem como os Manuscritos do Mar Morto, que foram descobertos intactos nas cavernas de Qumran, no deserto da Judeia, entre o fim da década de 1940 e o início da de 1950. Na realidade, ele não existe hoje como um texto autônomo. Em vez disso, esse evangelho "perdido" surgiu lentamente ao longo de certo período, *emergindo de parágrafos e páginas* de textos já existentes. Foi apenas graças ao trabalho meticuloso e acadêmico de comparação de textos entre várias traduções de diferentes evangelhos que o Evangelho Q foi finalmente reconhecido pelos estudiosos da Bíblia do século XX.

Estou descrevendo aqui o Evangelho Q pelo fato de ele conter a chave para o poder protetor do Código de Sabedoria 3. A versão do Pai-Nosso no Evangelho Q representa sua versão mais antiga, na qual estão preservadas aquelas que se acredita serem as palavras originais que Jesus compartilhou com seus seguidores. É por essa razão que escolhi a tradução em inglês que mais se aproxima das palavras originais da época de Jesus, e que foi preparada por George M. Lamsa no início do século XX.

PALAVRAS ORIGINAIS DE JESUS

A língua tradicional usada nas regiões de Nazaré e Cafarnaum, onde Jesus viveu e ensinou, era o aramaico. Essa língua surgiu pela primeira vez na Terra Santa há cerca de 3 mil anos e ainda hoje é usada em algumas comunidades judaicas, mandeanas e cristãs. Os estudiosos geralmente concordam que Jesus proferiu o Pai-Nosso nessa língua antiga, e que ele também foi registrado em aramaico escrito. Evidências que apoiam essa suposição são encontradas em traduções antigas de manuscritos do Novo Testamento.

Esses registros antigos confirmam que foi o aramaico, e não o hebraico, a língua usada por Jesus quando ele compartilhou seus sermões e ensinamentos públicos. Por exemplo, as versões mais antigas conhecidas do Novo Testamento, que foram descobertas na Biblioteca de Nag Hammadi do Egito, mostram que os nomes pelos quais Jesus se referia aos seus discípulos eram aramaicos. *Cephas*, por exemplo, é o nome aramaico para "Pedro" e *ta'oma* (*Tomé*) é o aramaico para "gêmeo". Determinar a linguagem usada durante o tempo de Jesus é importante porque a linguagem precisa contém a chave para as palavras e o poder do Pai-Nosso.

Embora os estudiosos *concordem* com o fato de que o aramaico era o idioma dos dias de Jesus, outra questão (com cuja resposta eles *não* concordam) é a de *qual dialeto* do aramaico Jesus usou ao revelar o Pai-Nosso aos seus discípulos. Embora os argumentos acadêmicos estejam além do âmbito que eu posso descrever nestas páginas, optei por me concentrar no que parece ser a resposta mais provável, com base nos registros mais antigos do Novo Testamento – manuscritos escritos em uma forma de aramaico conhecida como *siríaco antigo*. De acordo com o estudioso e autor Stephen Andrew Missick, "essa forma de aramaico é muito semelhante, mas não exatamente idêntica, ao aramaico falado por Jesus". Estou compartilhando esse nível de detalhe porque a tradução em inglês para o português do Pai-Nosso siríaco é a primeira versão que exploraremos como Código de Sabedoria 3.

O CÓDIGO UNIVERSAL

A estrutura do Pai-Nosso é eloquente. É sofisticada e simples. Talvez não seja coincidência o fato de que o formato desse antigo código de palavras siga exatamente o mesmo formato usado pelos modernos sistemas de computação da atualidade. Independentemente do tamanho e da complexidade de um computador moderno, desde um microcomputador programado com três linhas de *software* até um supercomputador do tamanho de uma sala que opera 3 milhões de linhas de *software*, o formato da linguagem que executa as operações das máquinas é o mesmo. Ele usa a mesma estrutura geral composta por três funções simples. Estas são as partes desse padrão universal:

1. Uma declaração de instrução.

2. Uma declaração de função.

3. Uma declaração de completude (ou resolução).

A partir do *software* que envia seres humanos ao espaço e os traz em segurança de volta para casa até os programas que distribuem eletricidade pelas redes elétricas do mundo, a mesma estrutura universal se aplica. E talvez seja precisamente porque esse formato parece refletir princípios universais para a maneira como as informações fluem no mundo que ele também se aplica ao código do Pai-Nosso.

A primeira frase do código é a declaração de instrução. Essas palavras preparam o cenário e declaram ao universo o que está para ocorrer. Elas são seguidas pelas declarações de função, que descrevem o que a prece deve realizar (várias coisas). Essas, por sua vez, são seguidas pela declaração de completude, que encerra a prece.

Os estudiosos da Bíblia normalmente se referem à declaração de função de várias partes como as "petições" de quem profere a oração. Os estudiosos identificaram sete petições na versão completa do Pai-Nosso e três petições na versão abreviada.

PRONUNCIANDO O PAI-NOSSO EM PORTUGUÊS

Com o propósito de ensinar sobre o poder protetor do Código de Sabedoria 3, começarei com uma forma abreviada do Pai-Nosso extraída da tradução siríaca descrita anteriormente. Embora seja breve, essa forma de oração é inteira e completa em si mesma, e é usada com frequência em tempos de caos ou quando o perigo é iminente e o tempo é curto. Organizei a prece em suas três partes e apresento uma breve explicação de cada componente.

A Introdução

Pai-Nosso que estás nos céus.

A introdução é a declaração de instrução. Ela cria condições e prepara o caminho para o sucesso do código que se segue.

A Primeira Petição

Santificado seja o teu nome.

A palavra *santificado*, pelo que parece, é a melhor tradução da antiga escrita siríaca para o inglês moderno. Significa separar o nome de Deus de todas as outras palavras como um nome especial, santo e sagrado, em vez de uma palavra comum.

A Segunda Petição

Venha o teu reino.

Nesse contexto, *reino* é a essência de Deus. Aqui, o uso da palavra *teu* não é o ato de pedir que o reino de Deus chegue à terra; ao contrário, é declarar que a essência de Deus está presente em todas as coisas e em todas as experiências.

A Terceira Petição

Seja feita a tua vontade.

Nesse contexto, a frase *tua vontade* se refere aos parâmetros declarados que Deus identificou em ensinamentos anteriores, como nas oito beatitudes especificadas no ensinamento de Jesus conhecido como *Sermão da Montanha*. Mais uma vez, a palavra *tua* não está pedindo, mas declarando que a vontade de Deus já está presente em todas as coisas e experiências.

A Completude

Assim na terra como no céu.

Esta frase fornece a conclusão para essa primeira parte do código. Ela afirma que a terra é um espelho das condições celestiais identificadas na primeira, segunda e terceira petições.

Mesmo nessa forma abreviada, o Pai-Nosso reflete a estrutura completa do código universal descrito anteriormente. E é por esse motivo que esse código de sabedoria reverenciado é considerado um padrão, um gabarito ou modelo – como a oração das orações – na tradição cristã. A segunda e a terceira petições, respectivamente – *venha o teu reino / seja feita a tua vontade* –, são as partes do Código de Sabedoria 3 que fornecem a proteção que está sendo invocada. A intenção aqui é clara e simples: no contexto do reino de Deus, e na presença da vontade de Deus, a natureza divina descrita nessas declarações substitui qualquer escuridão e perigo com que possamos nos defrontar.

Estão Faltando o Reino, o Poder e a Glória?

Em algumas traduções da Bíblia, como a Versão Padrão Revisada (RSV – Revised Standard Version), vemos a parte do Pai-Nosso que é comumente usada para completar a oração – *Porque teu é o reino, o poder e a glória para sempre* – que não está presente no original. Essa maneira familiar de completar a prece, como é frequentemente proclamada nas igrejas da atualidade, é conhecida como *doxologia bizantina*, ou simplesmente *doxologia*.

A doxologia, claramente, *não* faz parte da prece original, como foi registrada na versão mais antiga do livro de Mateus. Em vez disso, ela aparece mais tarde, pela primeira vez, na Didaquê, um texto bíblico secundário escrito depois da época de Jesus, no primeiro século da nossa era.

A Leitura do Pai-Nosso Usando Palavras Aramaicas

Em tempos recentes, as palavras aramaicas para o Pai-Nosso chamaram a atenção do público mais amplo graças aos escritos do renomado especialista em estudos religiosos Neil Douglas-Klotz, Ph.D. Como não há correspondências precisas, de palavra a palavra, entre o aramaico e o inglês, a língua original se presta a interpretações alternativas. Em 1990, Klotz lançou *Prayers of the Cosmos*, um pequeno livro que incluía o texto original em aramaico de textos bíblicos selecionados, entre eles o Pai-Nosso, juntamente com várias traduções e reinterpretações possíveis.

Desde o momento de seu lançamento, indivíduos e famílias, bem como pequenos grupos de estudo e grandes grupos de pessoas, têm usado regularmente a seguinte apreciada tradução para falar, homenagear e colher os benefícios dessa poderosa prece. Para aqueles que gostariam de vivenciar o som e o sentimento das palavras faladas por Jesus, incluo a seguir a análise de Douglas-Klotz, que decompôs a oração frase por frase, bem como uma tradução aproximada do Pai-Nosso.

Nota: Se você tiver interesse em recitar essa oração usando as palavras e a pronúncia originais do aramaico, há um tutorial para as palavras disponível *on-line* (consulte os Recursos).

Palavras aramaicas	Tradução Aproximada em Português
Abwoon d'bwashmaya	*Ó Nascedouro, Fonte da Manifestação! Pai-Mãe do Cosmos /vós criais tudo o que se move na luz.*
Nethqadash shmakh	*Focalize vossa luz dentro de nós – torne-a útil: como os raios de um farol mostram o caminho.*
Teytey malkuthakh	*Criai agora vosso reino de unidade – por meio de nossos corações ardentes e mãos desejosas.*
Nehwey tzevyanach aykanna d'bwashmaya aph b'arha	*Vosso único desejo age então com o nosso, assim como em toda luz e em todas as formas.*
Hawvlan lachma d'sunqa-nan yaomana	*Concedei o que precisamos a cada dia em pão e discernimento; subsistência para o chamado de uma vida crescente.*
Washboqlan khaubayn (wakhtahayn) aykana daph khnan shbwoqan l'khayyabayn	*Afrouxai as cordas dos erros que nos prendem, enquanto liberamos os fios com que retemos a culpa dos outros.*
Wela tahlan l'nesyuna	*Não nos deixeis entrar no esquecimento*
Ela patzan min bisha	*Mas rompeis o domínio da imaturidade sobre nós*
Metol dilakhie malkutha wahayla wateshbukhta l'ahlam almin	*De vós nasce toda a vontade dominante, o poder e a vida para agirmos, a canção que embeleza tudo, e que de era em era se renova.*
Ameyn	*Verdadeiramente – poder para essas declarações – que elas sejam a fonte da qual crescem todas as minhas ações. Seladas em confiança e fé. Amém.*

COMO USAR O CÓDIGO DE SABEDORIA 3

Nas seções anteriores, identifiquei as três primeiras petições do Pai-Nosso que podem ser usadas como uma prece de proteção, bem como a versão completa da oração no aramaico original. Por conveniência, nestas páginas compartilharei novamente a versão original, juntamente com a tradução comum do inglês para o português.

O poder dos códigos de sabedoria vem de sua repetição, a qual é realizada com a voz afirmativa. Isso imprime um código na mente subconsciente. Quando criamos harmonia entre coração e cérebro, como descrevemos em "Como Usar os Códigos de Sabedoria" (consulte a página 21), abrimos uma "linha direta" de comunicação com a mente subconsciente.

A partir de um lugar de harmonia entre coração e cérebro, recite linha por linha a versão pela qual você se sente mais atraído, silenciosamente ou em voz alta, até sentir uma intensificação da sensação de confiança e de certeza de que você não está sozinho. A chave está em abraçar esse código tendo por foco o fato de que a percepção, a respiração e o sentimento estão concentrados no coração, e não na mente.

Tradução comum em inglês do aramaico antigo para o português

- *Pai-Nosso que estás nos céus, santificado seja o teu nome;*
- *Venha o teu reino;*
- *Seja feita a tua vontade;*
- *Assim na terra como no céu;*
- *Dá-nos hoje o nosso pão diário;*
- *Perdoa-nos as nossas dívidas, assim como perdoamos aos nossos devedores;*
- *E não nos conduzas à tentação;*

- *Mas livra-nos do maligno.*

Palavras originais em aramaico antigo

- *Abwoon d'bwashmaya;*
- *Nethqadash shmakh;*
- *Tey Tey malkuthakh;*
- *Nehwey tzevyanach aykanna d'bwashmaya aph b'arha;*
- *Hawvlan lachma d'sunqanan yaomana;*
- *Washboqlan khaubayn (wakhtahayn) aykana daph khnan shbwo-qan l'khayyabayn;*
- *Wela tahlan l'nesyuna;*
- *Ela patzan min bisha;*
- *Metol dilakhie malkutha wahayla wateshbukhta l'ahlam almin;*
- *Ameyn.*

Notas

código de sabedoria 4

Mantra Gayatri

CÓDIGO DE SABEDORIA 4: Brahma, a manifestação da energia espiritual, destruidor de sofrimentos, corporificação de felicidade, brilhante como o sol, destruidor de pecados, divino, intelecto que pode inspirar!

USO: Este mantra, conhecido como Mantra Gayatri, refere-se à proteção pessoal e também à necessidade de eliminar obstáculos pessoais.

FONTE: O *Rig Veda*, mandala (livro) 3, hino 62, versículo 10.

APrece Védica de Refúgio, conhecida como Mantra Gayatri ou Grande Mantra, é tão reverenciada na tradição hindu que é chamada com frequência de *Mãe dos Vedas*. A fonte original do Mantra Gayatri é o mais antigo dos textos védicos, o *Rig Veda*, mandala 3, hino 62, versículo 10. Como um dos mantras védicos mais amplamente usados, não causa surpresa o fato de que o Mantra Gayatri tenha um passado longo e complexo. Sua história de mais de 3 mil anos inclui muitas traduções, que refletem as interpretações variadas dos tradutores ao longo do tempo.

Para o propósito dessa discussão, começarei com uma visão generalizada do mantra para dar uma ideia do que é e de como ele é declarado. A seguinte interpretação é do estudioso e grande mestre espiritual hindu Swami Vivekananda (1863-1902), e é seguida por uma tradução mais aprofundada das palavras originais em sânscrito. Na tradução palavra por palavra, descobriremos por que o Mantra Gayatri foi, e continua a ser, um código atemporal de refúgio e proteção nas tradições hindu e budista.

Como não há correspondência direta entre as palavras do sânscrito e as da língua inglesa, qualquer tradução do Mantra Gayatri é apenas uma aproximação do idioma e da intenção originais. Tendo isso em mente, a interpretação de Swami Vivekananda do significado geral do mantra é a seguinte:

Meditamos sobre a glória daquele Ser que produziu este universo. Que Ele ilumine nossas mentes.

Esta é uma tradução do século XX do mesmo mantra pelo estudioso hindu Shri Gyan Rajhans, que também é aceita pelo yoga moderno e pelos estudiosos védicos:

Ó tu, existência Absoluta, Criador das três dimensões, nós
contemplamos tua luz divina. Possas tu estimular nosso intelecto
e nos conceder conhecimento verdadeiro.

Por mais diferentes que sejam essas interpretações gerais, ambas compartilham um significado e uma intenção comuns, ilustrando por que o Mantra Gayatri é usado com frequência como fonte de proteção. Ambas as traduções do mantra encerram com um convite para que a divindade e o conhecimento divino se tornem parte de nossa vida cotidiana. Acredita-se que, por meio da iluminação da mente humana, o pensamento que torna a raiva e a hostilidade possíveis será eliminado de todos os envolvidos – tanto o usuário do mantra quanto aqueles que podem estar ameaçando o usuário.

O Mantra Gayatri é usado como uma fonte de força e poder interior. Além de proteção, acredita-se que ele nos concede uma série de outros benefícios, entre eles uma mente mais vigorosa (especificamente uma concentração intensificada) e respiração e saúde aprimoradas.

O CÓDIGO EM SÂNSCRITO

Embora a origem do Mantra Gayatri, por volta de 1800 a.C., anteceda os evangelhos bíblicos em mais de um milênio, não deve causar surpresa o fato de que ele siga o mesmo modelo de oração que vemos no Pai-Nosso. Como detalhamos no Código de Sabedoria 3, esse modelo ou padrão reflete os princípios universais do fluxo de informações e utiliza as três partes identificadas anteriormente como um modelo: uma declaração, uma declaração de função (ou várias) e uma declaração de completude.

Com essas relações em mente, compartilho a seguir uma tradução possível do mantra original, acompanhada pelo significado de cada palavra. Esta tradução em particular é obra do estudioso hindu Kumud

Ajmani, Ph.D. Para continuidade, também ilustrarei a relação entre essas palavras no contexto do modelo de oração universal.

Declaração

Aum.

Significado: O nome supremo de Deus.

Bhur Bhuvah Swaha.

Significado: Essas palavras expressam as qualidades inerentes que existem como Deus. *Bhur* é existência. *Bhuvah* ilustra a consciência de Deus. *Swaha* nos diz que Deus é inerente a todas as coisas.

Declaração de Função 1

Tat Savitur Varenyam.

Significado: Dentro do contexto do Mantra Gayatri, isso significa que o usuário está direcionando louvores a Deus de maneira abnegada. A palavra *tat* significa "isto" e no Mantra Gayatri indica que os louvores estão sendo dirigidos a Deus. *Savitur* é um nome atribuído a Deus como a fonte de todas as coisas, bem como as bênçãos de Deus para a humanidade. *Varenyam* significa "quem é elegível/digno" de receber as bênçãos de Deus.

Declaração de Função 2

Bhargo Devasya Dhimahi.

Significado: As três palavras desta declaração descrevem mais as qualidades de Deus de uma perspectiva funcional. *Bhargo* descreve a luz que é o amor de Deus. *Devasya* deriva da palavra sânscrita *deva* e ilustra as muitas facetas dos atributos de Deus, sem os quais nada pode existir. *Dhimahi* significa colocar nosso foco em Deus.

Declaração de Completude

Dhiyo Yo Nah Prachodayat!

Significado: *Dhiyo* significa "intelecto" e é usado neste mantra para pedir a Deus para que direcione nossas habilidades e use nosso intelecto. *Yo* significa "quem" e lembra-nos de que nossa oração é somente para Deus. *Nah* significa "nosso" e indica que nosso mantra é para todas as pessoas além de nós mesmos. *Prachodayat* completa o mantra e significa que todo o mantra é um pedido feito a Deus enquanto buscamos segurança, paz e felicidade.

O Mantra Gayatri continua a cruzar as fronteiras tradicionais da religião e da espiritualidade, e continua sendo um dos mantras mais populares usados no mundo atualmente. Entre as razões de sua popularidade estão as muitas e variadas aplicações que se atribui ao mantra. Elas incluem a proteção que resulta de se eliminar obstáculos físicos e emocionais que podem aparecer ao longo de nosso caminho à medida que buscamos a sabedoria mais profunda do crescimento espiritual.

COMO USAR O CÓDIGO DE SABEDORIA 4

O poder dos códigos de sabedoria vem de sua repetição, a qual é realizada com a voz afirmativa. Isso imprime um código na mente subconsciente. Quando criamos harmonia entre coração e cérebro, como descrevemos em "Como Usar os Códigos de Sabedoria" (consulte a página 21), abrimos uma "linha direta" de comunicação com a mente subconsciente.

A partir de um lugar de harmonia entre coração e cérebro, recite esse código linha por linha, silenciosamente em sua mente ou em voz alta, até sentir uma intensificação da sensação de confiança e de certeza de que você não está sozinho. A chave está em abraçar esse código tendo por foco o fato de que a percepção, a respiração e o sentimento estão concentrados no coração, e não na mente.

Tradução em inglês do aramaico para o português

Brahma, a manifestação da energia espiritual; destruidor de sofrimentos; corporificação da felicidade; brilhante como o sol; destruidor de pecados, divino; intelecto que pode inspirar!

Palavras Sânscritas

- *Aum;*
- *Bhur Bhuvah Swaha;*
- *Tat Savitur Varenyam;*
- *Bhargo Devasya Dhimahi;*
- *Dhiyo Yo Nah Prachodayat!*

Notas

Notas

PARTE DOIS

medo

Somente na medida em que nos expomos continuamente à aniquilação, é que poderemos encontrar em nós o que é indestrutível.

— Pema Chödrön, Freira Budista Tibetana

Todos nós sentimos medo. É uma das seis emoções que os cientistas reconhecem como universais em todas as populações humanas. (As outras são tristeza, felicidade, raiva, surpresa e nojo.) Além de ser uma de nossas experiências universalmente compartilhadas, o medo também é uma das mais misteriosas. As razões são estas: o medo aparece de diferentes maneiras, nós o experimentamos por razões diferentes e ele significa coisas diferentes para pessoas diferentes.

O medo pode, às vezes, aparecer em nossas vidas como sintomas que parecem tão distantes da causa raiz do medo que não reconhecemos imediatamente a conexão. Experiências emocionais como ansiedade crônica, preocupação e depressão, bem como sintomas físicos que variam de erupções cutâneas, resfriados e alergias à hipertensão e disfunção de órgãos, que inconscientemente associamos a traumas não resolvidos, são exemplos de uma miríade de sinais que podem revelar um medo subjacente.

O trabalho pioneiro de Candace Pert, Ph.D., e seu livro revolucionário *Molecules of Emotion*, preparou o caminho para que se pudesse entender o fundamento científico de como os sinais químicos de nossos medos não resolvidos – conhecidos como *neuropeptídeos* relacionados ao medo – podem ser armazenados indefinidamente nos tecidos, nas glândulas e nos órgãos do corpo até que a nossa resposta de medo seja resolvida e as substâncias químicas possam ser metabolizadas.

Os cientistas comportamentais nos dizem que experiências de medo sem fontes discerníveis e aparentemente sem explicações são, em última análise, expressões de um único medo primordial, em geral, subconsciente: *o medo da aniquilação e da inexistência.*

O medo da aniquilação pode ser desencadeado por experiências cotidianas aparentemente não relacionadas entre si. Ou, mais precisamente, por nossa *percepção* das experiências cotidianas. É possível que nosso medo da não existência seja universal porque compartilhamos a incerteza da condição humana. Uma das grandes ironias da era moderna está no fato de que, apesar de nossas grandes realizações tecnológicas, ainda não respondemos com certeza científica às questões mais básicas de nossa existência: *"Quem somos nós? De onde nós viemos? Para onde vamos quando morremos?"*.

MEDO SUBCONSCIENTE

Às vezes, nossos medos são lógicos, racionais e fazem todo o sentido. O impulso de pular para trás quando vemos uma aranha pendurada em uma teia em nossa sala de estar ou o mal-estar que sentimos na boca do estômago quando olhamos da varanda de um arranha-céu para a rua vinte andares abaixo são respostas naturais. Nesses exemplos, o gatilho para a ansiedade ou o tremor é real; é tangível e claramente presente. Às vezes, porém, as fontes de nossos medos não são tão óbvias. Eles vêm de algo que está escondido, subconsciente, esquecido.

Os cientistas demonstraram que a maioria de nossas emoções, bem como a maior parte de nossas ações, decisões e comportamentos diários, originam-se em uma parte de nosso cérebro que não é consciente: a mente subconsciente, que é responsável por 95 por cento de nossas atividades diárias. Nossos medos estão entre essas emoções subconscientes. Um exemplo comum de medo subconsciente é expresso por adultos que cresceram em famílias de alcoólatras: o medo de não ser ouvido.

No contexto da disfunção alcoólica, filhos e cônjuges relatam muitas vezes sentimentos de ser ignorados, criticados e desprezados. Se o membro da família não está ancorado em um forte sentido de eu, com autoestima saudável e uma vigorosa identidade de alma, eles podem facilmente se perder e sucumbir aos sentimentos que experimentam. Na ausência de um claro sentimento de identidade, eles podem acreditar nas visões degradantes que experimentam em seu ambiente insalubre.

O perigo é que a mente subconsciente pode facilmente associar a crítica e a falta de reconhecimento a um sentido de invisibilidade e inexistência. E embora os mecanismos de defesa da raiva externa ou do recuo interno possam nos permitir sobreviver ao momento, a natureza não resolvida da dor ou do trauma resultante pode perdurar até muito depois do momento da experiência. São esses traumas não resolvidos que "se acendem" como os sintomas que, em última análise, nos levam à fonte de nossa experiência. *A chave aqui está no fato de que, por mais diferentes que as expressões de nossos medos possam parecer, elas realmente se originam de três medos universais, ou de uma combinação desses três: o medo do abandono, o medo de não ser digno de viver, e o medo da aniquilação.*

Nos círculos acadêmicos, permanece ativa a controvérsia sobre se esses medos universais são aprendidos, se são instintivos ou se, de algum modo, são transmitidos geneticamente de pai para filho. Embora o debate continue sem que nossos olhos consigam descortinar um ponto final, as palavras que nos confortam na presença de nossos medos mais profundos, e às vezes desconhecidos, foram reconhecidas e compreendidas por centenas de anos.

Em seu primeiro discurso de posse à nação, o presidente dos Estados Unidos, Franklin D. Roosevelt, pronunciou a famosa frase: "A única coisa que devemos temer é o próprio medo". Acho que há muita verdade nessa afirmação. Com essa ideia em mente, escolhi, para compor esta seção, códigos de sabedoria que, durante milhares de anos, deram conforto e confiança em tempos de medo.

LEMBRETES UNIVERSAIS

Quando algo é verdadeiro, é comum perceber que esse "algo" aparece em muitos lugares e sob muitas formas simplesmente porque ele é universal. Os códigos de sabedoria nesta seção foram usados por iniciados, místicos e profetas de todo o mundo, desde o passado remoto, para trazer à memória precisamente esta verdade: que algo dentro de nós é eterno. Há uma parte de nós que não pode ser destruída e nunca desaparecerá no nada. E é nesse lembrete de nossa essência permanente que os quatro códigos de sabedoria na Parte Dois nos dão refúgio para nos proteger de nosso medo da aniquilação absoluta.

A melhor ciência do mundo moderno apoia essa visão mística de nossa natureza eterna, tanto matemática como filosoficamente. Por exemplo, a lei da conservação da energia, um princípio fundamental da física descrito pela primeira vez por Julius Robert von Mayer em 1842, nos diz que a energia em um sistema isolado, como a biosfera terrestre, não pode ser criada nem destruída. Ela só pode ser transformada de uma forma em outra. Vemos esse princípio atuando em cada dia de nossas vidas, talvez sem reconhecer que estamos cercados por lembretes de nossa natureza duradoura.

Por exemplo, a energia térmica (calor), que começa como luz solar, é usada pelas plantas para acionar e alimentar a energia química (das células), que lhes dá vida. Quando as plantas morrem, elas podem preservar a energia química que incorporaram como os restos fossilizados da planta na forma de óleo ou carvão. Quando os combustíveis fósseis são queimados, eles convertem a energia química de volta em energia térmica para acionar as turbinas que produzem eletricidade para nossas casas, fábricas, escolas e prédios de escritórios, ou para mover os cilindros de um motor de automóvel. Essa energia térmica, por sua vez, torna-se a energia cinética (móvel) que nos leva ao trabalho, à escola ou à loja para comprar mantimentos para nossas famílias.

Aqui o ponto-chave é simplesmente este: ao longo de todo o ciclo que descrevi, a energia nunca foi criada e nunca foi destruída. Em cada fase do ciclo, ela simplesmente mudou de forma. Esse princípio também parece ser verdadeiro para nós.

Como seres de energia, nós sempre existimos. Embora possamos mudar de forma e alterar nossa expressão, não podemos nos tornar "nada". A melhor física do mundo moderno nos diz por que é literalmente impossível desaparecermos no nada. Essa compreensão fundamental entrelaça os códigos de sabedoria nesta seção. Ao nos lembrar de nossa essência eterna, somos levados a uma compreensão em tempo real e a uma memória primordial de que é literalmente impossível que nosso medo mais profundo de aniquilação se materialize.

Notas

Notas

código de sabedoria 5

Katha Upanishad

CÓDIGO DE SABEDORIA 5: A alma não nasce, nem morre. Não brotou de algo e nada brotou dela. É não nascida, eterna, imortal e sem idade. Não é destruída quando o corpo é destruído.

USO: Este código destaca a incerteza e o medo universal de que deixamos de existir após a morte.

FONTE: O *Kathopanishad*, às vezes conhecido como *Katha Upanishad*, um dos textos fundamentais dos antigos Vedas hindus, capítulo 1, seção 2, versículos 18-2.050.

A coleção de textos conhecida como *Vedas* está entre as escrituras mais antigas de qualquer uma das principais religiões do mundo, datando de pelo menos 3 mil anos antes do presente, e possivelmente antes. Os textos foram escritos originalmente em *sânscrito védico*, a forma mais antiga do antigo alfabeto sânscrito que raramente é usado hoje. A literatura védica é um complexo corpo de conhecimento, e as explicações desse conhecimento encheram volumes inteiros e ocuparam a vida de estudiosos ao longo de séculos. Para os propósitos deste livro, criei a seguinte breve descrição de como os *Vedas* são escritos e organizados para dar uma perspectiva da fonte deste código de sabedoria.

Os Vedas são tradicionalmente considerados como uma coleção de quatro escritos principais:

- O *Rig Veda* compõe-se de 1.028 hinos e é o *Veda* mais antigo. É dedicado a 33 divindades cultuadas na época em que os textos foram escritos.
- O *Atharva Veda* é composto de 760 hinos que descrevem as diferentes modalidades de cura que os médicos da época usavam.
- O *Sama Veda* é uma coleção de 1.549 hinos que se acredita terem sido, em grande parte, retirados do *Rig Veda* mais abrangente, descrito anteriormente. O texto começa com hinos escritos para Agni, o deus do fogo, e Indra, o deus dos céus.
- O *Yajur Veda* é composto por mais de 1.800 mantras que descrevem rituais religiosos.

Cada um desses quatro corpos de escrita contém partes conhecidas como *Upanishads* – o que significa que eles são *textos secretos* – uma classificação baseada em seu conteúdo, que descreve mantras e cerimônias.

A fonte do Código de Sabedoria 5 é um desses *Upanishads*, o *Kathopanishad*, ou *Katha Upanishad*, que é dedicado especificamente aos segredos da espiritualidade e da meditação. Com essa classificação em mente, o conteúdo desse código de sabedoria não deve causar nenhuma surpresa. Com relação ao medo universal de se tornar nada, ele afirma:

A alma não nasce, nem morre. Não brotou de algo e nada brotou dela. É não nascida, eterna, imortal e sem idade. Não é destruída quando o corpo é destruído.

Esse código de sabedoria está entre os lembretes mais diretos da natureza eterna de nossa essência. Também é paralelo ao Código de Sabedoria 7, do *Bhagavad Gita*, que é um texto sagrado hindu.

COMO USAR O CÓDIGO DE SABEDORIA 5

O poder dos códigos de sabedoria vem de sua repetição, a qual é realizada com a voz afirmativa. Isso imprime um código na mente subconsciente. Quando criamos harmonia entre coração e cérebro, como descrevemos em "Como Usar os Códigos de Sabedoria" (consulte a página 21), abrimos uma "linha direta" de comunicação com a mente subconsciente.

A partir de um lugar de harmonia entre coração e cérebro, recite esse código linha por linha, silenciosamente em sua mente ou em voz alta, até sentir uma intensificação da sensação de confiança e de certeza de que você não está sozinho. A chave está em abraçar esse código tendo por foco o fato de que a percepção, a respiração e o sentimento estão concentrados no coração, e não na mente.

- *A alma não nasce, nem morre.*
- *Não brotou de algo e nada brotou dela.*
- *É não nascida, eterna, imortal e sem idade.*
- *Não é destruída quando o corpo é destruído.*

Notas

código de sabedoria 6

Textos da Pirâmide

CÓDIGO DE SABEDORIA 6: Não há semente de um deus que tenha perecido, nem [jamais pereceu] aquele que pertence a ele. Você não perecerá se pertencer a ele.

USO: Este código diz respeito ao medo humano universal da aniquilação e ao medo primordial da inexistência.

FONTE: Os Textos da Pirâmide de Unas, declaração 213, versículo 145.

Os hieróglifos conhecidos como Textos da Pirâmide do Rei Unas, do Egito, são alguns dos escritos mais antigos conhecidos. Tive a oportunidade de explorar as misteriosas câmaras dessa pirâmide e vê-las por mim mesmo no outono de 1986 na companhia de um pequeno grupo de cientistas e pesquisadores. Percorremos passagens e túneis em arco até que nos encontramos em uma única sala com um teto abobadado que contém os textos hieroglíficos agora famosos. Esses textos são bem delineados, mas não são pintados, nas paredes.

Fiquei perplexo com os textos por dois motivos. Um deles está no fato de que as instruções permanecem tão bem preservadas hoje que, pela sua aparência, o artista que os criou poderia ter terminado o seu trabalho e ido embora apenas algumas horas antes. Mas, além da condição extraordinária das inscrições, o que mais me intrigou é o que elas dizem.

DECLARAÇÃO 213

De todas as informações que poderiam ter sido escritas pelo artista/escriba/sacerdote que inscreveu a parede da câmara há quatro milênios – desde a mudança climática e a seca extrema que, como se sabe, existia na época até a fome e agitação social que os registros antigos nos contam ter atormentado essa era – o texto não menciona nenhuma dessas coisas. Usando um sistema de *declarações*, com cada declaração consistindo em muitos versos, o texto é escrito com um único propósito em mente. É planejado para instruir, tranquilizar e confortar a alma do rei Unas durante sua jornada ao longo da vida após a morte. O Código de Sabedoria 6, retirado da declaração 213, versículo 145, dos Textos da Pirâmide, é um belo exemplo que ilustra a natureza da renovação da confiança que os escritos antigos fornecem:

Não há semente de um deus que tenha perecido, nem [jamais pereceu] aquele que pertence a ele. Você não perecerá se pertencer a ele.

Ao longo dessa passagem antiga, a alma do rei tem a certeza de que – tendo ela originalmente emergido *de* um deus e como uma expressão viva *de* um deus – sua transição para a vida após a morte será bem-sucedida. *A alma não pode falhar em sua transição.* É impossível que isso aconteça. Usando a lógica da origem divina e da natureza eterna da alma, o texto dá ao rei, ou a qualquer iniciado ou escriba religioso que leia os textos, a razão para aceitar o sucesso garantido de sua jornada.

Esse texto antigo é um dos primeiros exemplos escritos de uma técnica que foi reconhecida ao longo dos séculos como um recurso para instruir, ajudar, guiar, confortar e curar em tempos de necessidade. E embora os Textos da Pirâmide tenham sido redigidos em vista da preparação para a morte do rei Unas há 4 mil anos, o princípio é igualmente poderoso e funciona igualmente bem enquanto ainda estamos vivos e enfrentando os desafios da vida cotidiana em nosso mundo contemporâneo. O poder dos Textos da Pirâmide está "escondido" na visão clara de um código de sabedoria ao qual temos acesso a cada dia de nossas vidas.

COMO USAR O CÓDIGO DE SABEDORIA 6

O poder dos códigos de sabedoria vem de sua repetição, a qual é realizada com a voz afirmativa. Isso imprime um código na mente subconsciente. Quando criamos harmonia entre coração e cérebro, como descrevemos em "Como Usar os Códigos de Sabedoria" (consulte a página 21), abrimos uma "linha direta" de comunicação com a mente subconsciente.

A partir de um lugar de harmonia entre coração e cérebro, recite esse código linha por linha, silenciosamente em sua mente ou em voz alta, até sentir uma intensificação da sensação de confiança e de certeza de que você não está sozinho. A chave está em abraçar esse código tendo por foco o fato de que a percepção, a respiração e o sentimento estão concentrados no coração, e não na mente.

- *Não há semente de um deus que tenha perecido, nem [jamais pereceu] aquele que pertence a ele.*
- *Você não perecerá se pertencer a ele.*

Notas

Notas

código de sabedoria 7

Bhagavad Gita

CÓDIGO DE SABEDORIA 7: A alma nunca é criada, e não morre nunca. A alma não tem nascimento, é eterna, imortal e sem idade. Não é destruída quando o corpo é destruído.

USO: Este código põe em destaque o medo humano universal da aniquilação e o medo primordial da não existência.

FONTE: *Bhagavad Gita*, capítulo 2, versículo 20.

Na véspera da batalha épica descrita na escritura sânscrita conhecida como *Bhagavad Gita*, o guerreiro e mestre arqueiro Arjuna se vê lutando em outro tipo de batalha, que ele não esperava enfrentar. Não é uma batalha física de armadura, lanças e flechas. Em vez disso, é uma batalha pessoal de emoções conflitantes, que resultaram do reconhecimento das terríveis consequências de liderar seu exército para a batalha. Quando seus olhos se voltam para a vasta planície de Kurukshetra, o campo onde o lendário confronto de dois grandes exércitos está prestes a ocorrer (localizado no atual estado indiano de Haryana), ele sabe que a batalha será épica não apenas em escala, mas também em perda de vidas humanas.

A raiz do conflito é a luta entre dois primos pelo acesso ao trono real. Na véspera da batalha, fica evidente que toda a diplomacia falhou. A fonte do conflito interno para Arjuna está no fato de que ele percebe, enquanto olha em detalhe para o campo, que os exércitos rivais instruídos para resolver a disputa reúnem vizinhos, amigos e membros de sua família, que ele conheceu durante toda a vida.

ESCOLHA DE ARJUNA

Reconhecendo que se empenhar na batalha levará a um resultado inevitável de imenso sofrimento, à morte de amigos e parentes com quem ele se relacionara durante toda a vida, Arjuna conclui que a riqueza material do trono não vale o preço de vidas humanas. Ele faz a difícil escolha, como líder guerreiro, de desistir da batalha. Arjuna coloca seu poderoso arco no chão (um arco que, dizem, lançou 30 mil flechas de uma só vez) e se recusa a liderar seu exército em direção a um desfecho tão trágico. Nesse ponto, começam as filosofias que fizeram do *Bhagavad Gita* uma das obras especialmente estimadas da literatura sagrada hindu.

Arjuna compartilha seu dilema com o cocheiro da carruagem e lhe pede um conselho. O que ele não sabe nesse momento é que seu condutor, Krishna, é na verdade o deus Vishnu, que temporariamente assume a forma humana para poder falar com Arjuna. Krishna vê que Arjuna está lutando por causa de seus pensamentos sobre batalha, vida, morte e até mesmo sobre a própria realidade.

Krishna passa a revelar a Arjuna uma série de verdades atemporais que lhe oferecem conforto, razão e esperança em face dos maiores desafios da vida. Essas filosofias são identificadas como as razões que Krishna usa para persuadir Arjuna a aceitar seu destino como guerreiro e, ao fazê-lo, a reverter sua decisão e comandar seu exército para a batalha.

Estou compartilhando essa história com o leitor para lhe fornecer um contexto ao Código de Sabedoria 7, pois suas linhas representam o primeiro dos argumentos filosóficos de Krishna. É nessa parte de sua conversa que Krishna lembra a Arjuna o fato de que, por causa da natureza imortal da alma, todos os que estarão na batalha pendente são eternos. Isso significa que, em última análise, nenhum dos guerreiros que lutam em um lado da batalha ou no outro pode ser destruído.

A alma nunca é criada, e não morre nunca.

A alma não tem nascimento, é eterna, imortal e sem idade.

Não é destruída quando o corpo é destruído.

Seguindo essas afirmações de nossa natureza eterna, Krishna então refina seu argumento por meio de uma série de revelações progressivamente mais detalhadas a respeito de como a alma é eterna e por que, por dedução, também precisamos ser eternos. Graças a essa explicação, ele tranquiliza o coração de Arjuna, bem como sua mente, ao lhe garantir que, seja qual for o resultado da batalha que assoma no horizonte, todos os envolvidos em ambos os lados sobreviverão de alguma forma.

Leia, a seguir, trechos significativos do argumento de Krishna. Eles não foram escritos consecutivamente no texto original em sânscrito.

Você deve saber que aquilo que permeia todo o corpo é indestrutível. Ninguém é capaz de destruir essa alma imperecível.

Para a alma, não há nascimento nem morte em momento algum. Ela não veio a ser, não vem a ser e não virá a ser. Ela é não nascida, eterna, sempre existente e primordial. Ela não é assassinada quando seu corpo é assassinado.

A alma nunca pode ser cortada em pedaços por nenhuma arma, nem queimada pelo fogo, nem umedecida pela água, nem murchada pelo vento.

Essa alma individual é indestrutível e insolúvel e não pode ser queimada nem desidratada. Ela é eterna, presente em todos os lugares, imutável, imóvel e eternamente a mesma.

Arjuna escuta com atenção as revelações de Krishna. E, ao fazer isso, descobre a verdadeira natureza da alma, a ilusão deste mundo e a existência de uma realidade maior, uma realidade suprema. Levando em consideração essas compreensões recém-descobertas, Arjuna muda sua perspectiva em relação à batalha iminente e o papel que desempenhará nela. Ele aceita esse papel de guerreiro dentro do contexto mais amplo do bem e do mal. E a partir de seu novo pensamento, passa a liderar seu exército, formado pelo povo pandava, para a vitória contra seus primos, os kauravas, na grande planície de Kurukshetra. O resto, como dizem, é história.

Embora os historiadores não possam verificar todos os detalhes descritos no *Bhagavad Gita*, evidências arqueológicas sugerem que, de fato, a batalha de Kurukshetra foi real. A descoberta de artefatos que correspondem às descrições nos textos sugere que os combates ocorreram no local que o *Bhagavad Gita* descreve – um local que ainda é um sítio sagrado reverenciado na Índia nos dias atuais.

COMO USAR O CÓDIGO DE SABEDORIA 7

O poder dos códigos de sabedoria vem de sua repetição, a qual é realizada com a voz afirmativa. Isso imprime um código na mente subconsciente. Quando criamos harmonia entre coração e cérebro, como descrevemos em "Como Usar os Códigos de Sabedoria" (consulte a página 21), abrimos uma "linha direta" de comunicação com a mente subconsciente.

A partir de um lugar de harmonia entre coração e cérebro, recite esse código linha por linha, silenciosamente em sua mente ou em voz alta, até sentir uma intensificação da sensação de confiança e de certeza de que você não está sozinho. A chave está em abraçar esse código tendo por foco o fato de que a percepção, a respiração e o sentimento estão concentrados no coração, e não na mente.

- *A alma nunca é criada, e não morre nunca.*
- *A alma não tem nascimento, é eterna, imortal e sem idade.*
- *Não é destruída quando o corpo é destruído.*

Notas

código de sabedoria 8

O Evangelho da Paz

CÓDIGO DE SABEDORIA 8: Um dia seu corpo retornará à Mãe Terrestre; até mesmo seus ouvidos e seus olhos. Mas a Corrente Sagrada da Vida, a Corrente Sagrada do Som e a Corrente Sagrada da Luz nunca nasceram e nunca podem morrer.

USO: Este código aborda o medo primordial da não existência e nossa relação com uma presença maior.

FONTE: *O Evangelho Essênio da Paz.*

Quinhentos anos antes do nascimento de Jesus, um misterioso grupo de estudiosos-agentes de cura formou comunidades perto do atual Mar Morto, em uma área conhecida como Qumran. A comunidade incluía muitas seitas religiosas, entre as quais os nazarenos e os ebionitas, pessoas conhecidas coletivamente como *essênios*. Embora a origem e a natureza dos essênios permaneçam controversas atualmente, sua existência é indiscutível. Algumas das primeiras referências à linhagem dos essênios estão registradas em tabuletas de argila da antiga Suméria, remontando a 3500 a.C. Eles também são mencionados em escritos históricos de autores que vão desde estudiosos romanos do século I, como Flávio Josefo e Plínio, o Velho, onde os essênios são caracterizados como uma "raça por si só, mais notável do que qualquer outra no mundo", até os que anotaram manuscritos preservados hoje em bibliotecas e museus que incluem a Biblioteca Nacional Austríaca em Viena, o Museu Britânico em Londres e a Biblioteca do Vaticano na Cidade do Vaticano.

Elementos de quase todas as principais religiões do mundo atualmente, inclusive daquelas cultuadas por povos nativos da China, do Tibete, do Egito, da Índia e da Palestina, bem como da Grécia e do deserto do sudoeste norte-mericano, podem ser rastreados até a sabedoria original preservada pelos essênios. Muitas tradições místicas, em particular do mundo ocidental, têm raízes nesse corpo de informações, como as tradições dos maçons, dos cristãos gnósticos e dos cabalistas. O Código de Sabedoria 8 deriva de uma coleção de textos essênios que conseguiram abrir caminho com segurança a partir da Palestina, antes do avanço das forças mongóis, entre 1299 d.C. e 1300 d.C., até chegar às mãos de padres nestorianos na Ásia e, finalmente, na Biblioteca do Vaticano. Foi lá, no início da década de 1920, que o estudioso e acadêmico Edmond Bordeaux Szekely teve acesso especial à biblioteca para um projeto de pesquisa. Enquanto explorava a biblioteca para sua tese, descobriu o esquecido evangelho aramaico dos ensinamentos de Jesus. Embora não tivesse permissão para remover os documentos do Vaticano, ele transcreveu e posteriormente publicou trechos desses documentos, como a série de livros de *O Evangelho Essênio da Paz*.

O CASAMENTO SAGRADO

Os princípios da natureza e as leis naturais tiveram importância central para os ensinamentos dos essênios. Na linguagem da época, essa seita misteriosa, que também se acredita ser a autora dos Manuscritos do Mar Morto, ofereceu uma visão de mundo que descreve uma relação holística e unificada entre a Terra e nossos corpos físicos. Por meio de palavras eloquentes, que são nossos lembretes poéticos, os essênios nos lembram de que somos o produto de uma união sagrada – *um casamento* – entre a essência misteriosa, informe e eterna da alma e a matéria física deste mundo.

Do ponto de vista desse casamento, fazemos parte de tudo o que reconhecemos como nosso mundo e estamos intimamente entrelaçados com tudo. Cada rocha, cada árvore e cada montanha, cada rio e oceano é uma parte de nós, e nós uma parte de cada um deles. Talvez o mais importante, por causa dessa união, seja o fato de que cada um de nós é parte um do outro.

O Evangelho Essênio da Paz é um registro de Jesus descrevendo a relação entre nossa "Mãe Terra" e nosso "Pai no Céu". Segundo o texto, a união que nos dá vida teve a seguinte origem: "O espírito do Filho do Homem foi criado a partir do espírito do Pai Celestial, e seu corpo do corpo da Mãe Terrena".

Essa descrição da vida pelos essênios faz paralelo à perspectiva que vimos nos códigos de sabedoria anteriores: há uma parte de nós que sempre existiu, que não pode ser formada ou destruída e que existe eternamente como a Corrente Sagrada da Vida dos Essênios.

No Código de Sabedoria 8 lê-se:

> *Um dia seu corpo retornará à Mãe Terrestre; até mesmo seus ouvidos e seus olhos. Mas a Corrente Sagrada da Vida, a Corrente Sagrada do Som e a Corrente Sagrada da Luz nunca nasceram e nunca podem morrer.*

Em outra seção de *O Evangelho Essênio da Paz*, nossa relação com a Corrente Sagrada é esclarecida em palavras inequívocas: "E você será uno com a Corrente Sagrada da Luz, sempre antes de dormir nos braços do Pai Celestial".

O poder do Código de Sabedoria 8 é duplo. Primeiro, ele nos lembra da natureza atemporal e eterna de nossa essência. Nesse lembrete, o texto faz apelo tanto ao nosso coração como ao nosso intelecto, pois nos é dada a razão para dissipar nossa ansiedade e nossos medos de nos tornarmos nada e perdidos para sempre na existência.

A segunda razão pela qual este código de sabedoria é tão eficaz se deve ao paralelismo entre a perspectiva essênia e as do *Bhagavad Gita*, dos hieróglifos sagrados dos cultos da morte egípcios, dos *Upanishads* védicos e de outras tradições espirituais do mundo. Cada um de nós aprende de maneira diferente. Devido à nossa formação pessoal, cultural, familiar e religiosa, podemos nos sentir mais confortáveis com uma perspectiva budista do que com um texto hindu, ou mais confortáveis com a literatura cristã do que com as marcas entalhadas nas paredes de rocha de uma tumba egípcia. Descobrimos aqui a beleza do Código de Sabedoria 8. De uma forma direta e coloquial, usando a analogia de uma mãe e de um pai humanos, ele nos faz lembrar da mensagem poderosa de nossa natureza eterna.

COMO USAR O CÓDIGO DE SABEDORIA 8

O poder dos códigos de sabedoria vem de sua repetição, a qual é realizada com a voz afirmativa. Isso imprime um código na mente subconsciente. Quando criamos harmonia entre coração e cérebro, como descrevemos em "Como Usar os Códigos de Sabedoria" (consulte a página 21), abrimos uma "linha direta" de comunicação com a mente subconsciente.

A partir de um lugar de harmonia entre coração e cérebro, recite esse código linha por linha, silenciosamente em sua mente ou em voz alta, até sentir uma intensificação da sensação de confiança e de certeza de que você não está sozinho. A chave está em abraçar esse código tendo por foco o fato de que a percepção, a respiração e o sentimento estão concentrados no coração, e não na mente.

- *Um dia seu corpo retornará à Mãe Terrestre; até mesmo seus ouvidos e seus olhos.*
- *Mas a Corrente Sagrada da Vida, a Corrente Sagrada do Som e a Corrente Sagrada da Luz nunca nasceram e nunca podem morrer.*

Notas

PARTE TRÊS

perda

A maior perda é o que morre dentro de nós enquanto vivemos.
— Norman Cousins, jornalista político

A perda é uma experiência universal.

É inevitável. É inescapável. E é natural. Todos nós perdemos algo a cada dia de nossas vidas. Às vezes, nossas perdas são tão sutis que são quase imperceptíveis. Por exemplo, desde o tempo em que éramos jovens, víamos o "progresso" mudando as fachadas das casas, ruas, supermercados e cinemas com os quais crescíamos. Embora a mudança gradual de um novo centro comercial ou a perda de nosso café noturno favorito possa parecer insignificante à medida que ocorre, quando juntamos essas mudanças e olhamos para trás no tempo, descobrimos que a maneira como nos lembramos de nossa vizinhança é quase irreconhecível quando a comparamos com a versão atual do nosso entorno.

E embora nossa lógica nos diga ser natural o fato de que nosso ambiente muda, raramente damos às nossas emoções a oportunidade de captarmos a mudança e de nos ajustarmos a ela. Em nossa cultura, espera-se que devemos apenas "seguir com o fluxo" e abraçar a transformação. A verdade, porém, é que precisamos de tempo para nos adaptar. Precisamos de tempo para nos aclimatar ao vazio que a perda de coisas familiares deixa em nossa vida e em nosso coração.

Embora a perda de ambientes familiares raramente interrompa nossas atividades cotidianas, há outros tipos de perda que o fazem – como a perda de um filho, de um companheiro de vida, de um dos pais ou de um amigo ou colega querido. Mesmo quando sabemos de antemão que a pessoa que amamos está prestes a deixar este mundo e nos preparamos para a perda, toda a preparação que possamos ter não interrompe a dor. A perda dói. A dor é muito real, e a razão para a dor é o que torna tão poderoso esse grupo de códigos de sabedoria.

POR QUE A PERDA NOS CAUSA DOR

Quando uma pessoa amada está conosco em corpo, há uma energia que criamos a partir da fusão da percepção, da consciência e dos sentimentos que existem entre nós. Mais que uma metáfora, esse campo de energia, que é muito real e mensurável, resulta dos campos bioelétricos, biomagnéticos e fotônicos emitidos das células do nosso sangue, órgãos e tecidos. Conhecemos essa energia como o sentimento que experimentamos quando, por exemplo, encontramos alguém que amamos ou um amigo querido em uma lanchonete para desfrutar de uns bons momentos tomando chá ou café. No instante em que os vemos, nossos olhos se iluminam, temos um grande sorriso no rosto e sentimos um formigamento quando nossa energia ganha vida.

E assim como uma porção realmente generosa de *cookies* de manteiga de amendoim e cacau reflete a qualidade, bem como a quantidade, de ingredientes que colocamos na mistura, é esse lampejo, sorriso, brilho e formigamento que revela a energia única que criamos na presença das pessoas que amamos. E é precisamente *porque* esse campo de energia é tão real que, quando ele se dissolve com a passagem deles, sentimos tanta dor. Quando perdemos um ente querido, o campo de energia que criamos juntos começa a se desintegrar. Tem de ser assim, pois a energia do corpo que antes o mantinha coeso não existe mais.

Assim como a água e o açúcar se fundem em um sistema fluido quando são combinados, em nossos relacionamentos baseados na emoção, os campos que criamos são fluidos e maleáveis. Um campo muda de acordo com nosso humor, ritmo e qualidade de comunicação, bem como com a profundidade de nossa confiança. E assim como o sistema de açúcar e água começa a mudar se a água evapora, a energia de nosso relacionamento começa a adquirir uma nova forma na ausência de um ente querido – especialmente alguém que já morreu. Muitas vezes ouvimos as pessoas refletirem sobre esse fato, dizendo coisas como se algo tivesse sido "arrancado" delas, ou que se sentissem incompletas e "vazias" quando perdem alguém próximo. Elas estão nos dizendo a verdade. O vazio é real. E resulta da perda da energia que uma vez foi criada na presença da pessoa ausente – às vezes até mesmo a distância.

ABRAÇANDO A FINALIDADE

É o sentimento de finalidade que define o poder da perda em nossas vidas. Quando perdemos uma pessoa amada, sentimos essa finalidade quando percebemos que o corpo que um dia tocamos, seguramos, e com o qual rimos e choramos, não existe mais. Nossos sentidos lutam com o fato de que em um momento alguém está conosco no mundo, respirando o mesmo ar que respiramos e compartilhando conosco todas as coisas que definem nossa condição humana, e então, no momento seguinte, eles se foram. É a finalidade emocional de nossa perda que nos confronta de frente e nos promete que nunca mais seremos os mesmos.

Nossos sentimentos estão nos dizendo a verdade. É literalmente impossível para nós sermos os mesmos, pois a pessoa que amamos foi a catalisadora de uma forma de ser que não pode mais existir. É a imensidão dessa compreensão e o grau em que abraçamos a profundidade de seu significado que determinam o poder que encontraremos em nossa dor. Depois de aceitar esses fatos e de abraçar seu significado, nos encontramos na encruzilhada de escolher um de dois caminhos poderosos.

Por um caminho, negamos nossa dor. Em nossa negação, tentamos viver cada dia como se fôssemos a mesma pessoa, vivendo no mesmo mundo em que vivíamos antes de perdermos nosso ente querido. No segundo caminho, aceitamos nossa dor. E em nossa aceitação, abrimos a porta para a cura que a dor traz à nossa porta. É em nossa disposição de aceitar nossa perda que nos curamos.

A PERDA COMO PROFESSOR DE AMOR

O filósofo grego Aristóteles observou: "A natureza abomina o vácuo." Sua declaração teve como base sua observação de que a natureza não permite que nada fique vazio por muito tempo. A grama cresce quando as árvores são removidas da encosta de uma colina; o ar enche um recipiente quando a água que ele antes continha é removida; e o equilíbrio perfeito que nos esforçamos por manter em nossas vidas será perturbado pela principal diretriz da natureza para criar movimento e mudança. A ciência moderna apoia a observação de Aristóteles. Por exemplo, as equações que descrevem sistemas fractais confirmam que o equilíbrio dará lugar ao caos em sua busca por uma ordem superior de equilíbrio. Ocorre o mesmo com o vácuo criado em nossas vidas pela perda de alguém que amamos e que cuidamos. Novos relacionamentos florescem e crescem para preencher o vazio de pais, amigos e amantes perdidos.

Há um potencial que nos recusamos a dar voz e segundo o qual cada um de nós perderá as pessoas e os estilos de vida que mais apreciamos e que consideramos os mais queridos. Isso é inevitável porque nada dura para sempre. É esse fato que promete que experimentaremos perdas em nossas vidas, e a dor, que é a consequência disso, bem como o caminho para a cura da perda. Quer seja a perda de um amigo ou de uma pessoa amada, ou a perda de uma comunidade e de todo um estilo de vida, o resultado é o mesmo. O luto é o sistema de apoio da natureza para reconciliar a perda e nos ajudar a seguir em frente com a vida de forma saudável. É também a maneira pela qual a natureza nos leva a sentir nossa dor mesmo quando relutamos em fazê-lo.

A única maneira de nos curarmos da perda é sentir o que significa em nossas vidas a ausência de algo ou de alguém que amamos. Há uma relação direta entre o trauma emocional da dor e o grau em que nos permitimos sentir nossa perda. A relação é esta: quanto mais profunda a dor, mais poderosos são os sentimentos e mais profundamente precisamos penetrar dentro de nós para encontrar o amor que nos permitirá transcender a dor. É por meio da nossa dor que descobrimos uma capacidade de amar mais profunda, e às vezes surpreendente.

Os povos antigos identificaram maneiras de pensar sobre a perda que tornavam mais fácil sentir e lamentar. Essas perspectivas não podiam mudar a fonte das feridas mais profundas da vida. Elas não podiam mudar o fato de que maridos foram perdidos na batalha, esposas foram perdidas dando à luz e doenças misteriosas levaram amigos e entes queridos no auge de suas vidas. Em vez disso, ao convidarem os códigos de sabedoria de suas tradições para o âmbito de suas vidas, eles descobriram uma perspectiva saudável que lhes permitiu transcender as perdas que sofreram.

UMA VIAGEM SOLO

A dor que se segue à perda nos leva a experimentar temporariamente um choque emocional e fisiológico. E mesmo quando estamos rodeados de amigos e das pessoas amadas mais bem-intencionadas, e delas recebendo apoio, assim como acontece com o medo, como descrevemos na Parte Dois, em última análise nós atravessamos sozinhos o corredor de açoites da dor. Ninguém pode sofrer por nós. O luto é uma jornada solo.

E essa jornada muitas vezes nos leva a um campo de batalha dentro de nós, onde descobrimos emoções conflitantes e o sentimento de estarmos vazios, entorpecidos e isolados.

Acompanham nossas emoções conflitantes perguntas aparentemente intermináveis que se repetem de forma incansável em nossa mente, entre elas: *"Será que algum dia vou me sentir melhor? O que eu faço agora? Por que isso está acontecendo?"*.

Há uma força que só pode ser conhecida na presença da perda e da dor. E com essa força vem a recompensa dos níveis de domínio pessoal mais profundos da vida.

Notas

Notas

código de sabedoria 9

Otagaki Rengetsu

CÓDIGO DE SABEDORIA 9: A impermanência deste mundo flutuante eu sinto repetidas vezes. É mais difícil ser aquele que é deixado para trás.

USO: Este código nos lembra de que mesmo sabendo que todas as coisas são temporárias, suportar a perda de uma pessoa amada é ainda uma das coisas mais difíceis com que nos defrontaremos.

FONTE: Otagaki Rengetsu, renomada freira budista.

O princípio da impermanência reconhece que vivemos em um mundo dinâmico em constante mudança, e é precisamente porque nada é estático que não podemos esperar que nada dure para sempre.

A PERDA SEGUNDO A PERSPECTIVA BUDISTA

Para aliviar nosso sofrimento em tempos de perda, os ensinamentos budistas nos convidam a considerar nossa dor dentro do contexto mais amplo de um padrão universal para a experiência humana. Esse padrão é conhecido como as *três marcas da existência*, que são identificadas da seguinte maneira:

- *Impermanência*
- *Sofrimento*
- *O não eu*

Em resumo, quando estamos sofrendo, a causa de nossa dor é o apego: nossa expectativa de que algo, algum lugar ou alguém continuará a existir sob uma forma que atenda às nossas expectativas. A terceira marca da existência, abraçando o não eu, é a solução para transcender nosso sofrimento. O não eu é definido como um estado de iluminação que é alcançado quando nos libertamos de nossa identidade pessoal – o eu que se restringe a ser um ego – em troca de uma identidade mais abrangente, que inclui tudo. Nessa identidade expandida, nós nos vemos como parte, em vez de separados, do mundo ao nosso redor. Ao abraçar essa versão mais atenta e cuidadosa de nós mesmos, ficamos livres do sofrimento que é resultado do apego.

A PERSPECTIVA DE UMA FREIRA BUDISTA

Os ensinamentos do budismo geralmente nos remetem às palavras e recursos do próprio Buda quando se trata de curar o sofrimento causado pela perda de um ente querido. O Código de Sabedoria 9 nos oferece algo diferente. Embora suas raízes estejam firmemente estabelecidas na filosofia budista, o código nos convida para *além* dos lembretes óbvios, segundo os quais vivemos em um mundo de impermanência e sofrimento. Ao reconhecer essas verdades, o código vai mais fundo e nos convida a abraçar uma dimensão mais íntima e exclusivamente humana daquilo que sofremos em nossa perda.

Esse código de sabedoria é atribuído a Otagaki Rengetsu, uma freira budista nascida em 1791. Além de se tornar freira mais tarde em sua vida, Rengetsu também foi uma ceramista renomada, uma perita em caligrafia e uma pintora respeitada, bem como uma das grandes poetisas do século XIX. O Código de Sabedoria 9 é um exemplo de seu trabalho e nele ela condensa dois dos princípios fundamentais do budismo.

> *A impermanência deste mundo flutuante, eu sinto repetidas vezes.*

> *É mais difícil ser aquele que é deixado para trás.*

Um exame atento desse código revela a elegância de seu significado e o poder que ele transmite em sua concisão. Extraída do livro *Rengetsu: Life and Poetry of Lotus Moon*, compilado pelo tradutor John Stevens, a primeira linha do poema segue o modelo do pensamento budista tradicional e nos lembra da natureza temporária de todas as coisas:

> *A impermanência deste mundo flutuante, eu sinto repetidas vezes.*

No entanto, depois de declarar o fato da impermanência da vida, na linha seguinte, ela revela por que está sentindo o impacto repetido da perda. A razão é que todas as coisas, independentemente de quão antigas, confiáveis, sustentáveis ou amadas sejam, na melhor das hipóteses, são temporárias. É precisamente por causa dessa natureza temporária de todas as coisas, inclusive das pessoas que amamos, que Rengetsu diz que vivencia a impermanência "repetidas vezes". Como todos nós. Cada vez que suportamos o sofrimento resultante do vazio criado por nossa perda, somos lembrados de uma certeza universal: vivemos em um mundo onde nada dura para sempre.

A segunda linha do poema é onde Rengetsu se desvia da objetividade budista tradicional de um observador e se aproxima da humanidade de um experimentador. Ela expressa um sentimento universal quando afirma o que a impermanência que vivencia significa para ela em um nível muito íntimo:

É mais difícil ser aquele que é deixado para trás.

Aqui temos a sensação de que ela está falando a partir da verdade da experiência pessoal e, ao fazê-lo, expressando-se por nosso intermédio, coletivamente. Mesmo sabendo que nada dura para sempre, a parte mais difícil da jornada da perda é quando nos vemos deixados para trás, pois nossos entes queridos desaparecem como resultado de sua impermanência.

O poder desse código de sabedoria está no fato de que, ao expressar a verdade profunda de nossa perda, estamos reconhecendo nossa dor interior. E é precisamente esse reconhecimento que nos livra de ficarmos presos em nossas emoções, enquanto desperta nossa cura.

COMO USAR O CÓDIGO DE SABEDORIA 9

O poder dos códigos de sabedoria vem de sua repetição, a qual é realizada com a voz afirmativa. Isso imprime um código na mente subconsciente. Quando criamos harmonia entre coração e cérebro, como descrevemos em "Como Usar os Códigos de Sabedoria" (consulte a página 21), abrimos uma "linha direta" de comunicação com a mente subconsciente.

A partir de um lugar de harmonia entre coração e cérebro, recite esse código linha por linha, silenciosamente em sua mente ou em voz alta, até sentir uma intensificação da sensação de confiança e de certeza de que você não está sozinho. A chave está em abraçar esse código tendo por foco o fato de que a percepção, a respiração e o sentimento estão concentrados no coração, e não na mente.

- *A impermanência deste mundo flutuante, eu sinto repetidas vezes.*
- *É mais difícil ser aquele que é deixado para trás.*

Notas

código de sabedoria 10

Buda

CÓDIGO DE SABEDORIA 10: Você só perde aquilo a que se apega.

USO: Este código nos lembra de que nosso sofrimento em tempos de perda é o resultado de nosso apego ao que é impermanente.

FONTE: Um resumo coloquial, amplamente utilizado, do princípio budista de desapego.

Desde o DNA em nossas células e os relacionamentos em nossas vidas até as sociedades em que vivemos, somos parte de um universo vivo que está em constante movimento, aparecendo, desaparecendo e criando mudanças dinâmicas. O budismo nos lembra de que nossa experiência de perda vem de nossas percepções da vida, do ambiente e dos relacionamentos no contexto dessa mudança. Como descobrimos na Parte Dois, "Medo", é impossível que alguma coisa realmente desapareça no sentido de que ela passe a não existir mais – como na aniquilação. Quando sentimos que perdemos alguém ou alguma coisa, isso diz menos sobre o seu desaparecimento no mundo e mais sobre nossa percepção de seu desaparecimento.

Nossos relacionamentos na vida são uma dança de energia. Eles são atemporais e constantes. Às vezes conscientemente, muitas vezes não, os parceiros que dançam conosco nos levarão a alcançar nosso maior destino possível ou a sucumbir às profundezas de nosso destino. A chave aqui está no fato de que o acordo baseia-se em sinergias que se sobrepõem em um determinado momento. A expectativa de que nossa sinergia continuará, inalterada, ao longo de todo o tempo – nosso apego à natureza duradoura da harmonia – é a razão de sofrermos quando isso não acontece.

EQUILÍBRIO *VERSUS* HARMONIA

Isto nunca falha: justamente quando você pensa que criou um equilíbrio perfeito em sua vida – depois de preparar as VirtualBoxes em sua lista mental para o relacionamento perfeito, o emprego perfeito, a casa perfeita e o plano econômico perfeito para seu futuro – alguma coisa "pipoca" aparentemente do nada e muda tudo. E embora você possa se surpreender, a Mãe Natureza não.

Como ficamos sabendo anteriormente, o que experimentamos como equilíbrio é um estado temporário de *harmonia* que ocorre em um mundo em fluxo constante. Há uma distinção poderosa entre equilíbrio e harmonia. Em um sistema de equilíbrio perfeito, nada pode acontecer. Nada pode se mover e nada pode mudar porque, em perfeito equilíbrio, não há mudança. Por esse motivo, raramente ocorre equilíbrio; e quando isso acontece, é passageiro. A natureza é dinâmica. Na natureza, a obtenção do equilíbrio em um sistema é o gatilho que inicia a mudança nesse sistema.

Por exemplo, não é um equilíbrio da vida selvagem que mantém um ecossistema. Em uma floresta, raramente há um equilíbrio perfeito entre predadores e presas. Não pode haver – o tamanho, a localização e a resiliência de várias populações estão sempre mudando. Mas a natureza, em vez disso, busca *harmonia* no sistema. É a mudança de *harmonia* entre coiotes e coelhos, por exemplo, ou entre pássaros e insetos, que mantém as populações sob controle, mesmo que seu tamanho relativo esteja sempre mudando. O desequilíbrio no sistema é o que se torna o gatilho para a mudança.

De maneira semelhante, o equilíbrio pelo qual você pode pensar que está lutando na vida está, provavelmente, mais relacionado à harmonia: harmonia entre família e carreira, harmonia entre lazer e trabalho e harmonia entre parcerias e amigos. E a chave para a harmonia consiste em abrir espaço para mudanças em sua vida. É esse princípio que é o tema subjacente ao Código de Sabedoria 10. Este código reflete um pensamento budista tradicional.

CÓDIGO DE SABEDORIA 10: A FONTE

Apesar de o Código de Sabedoria 10 ser frequentemente representado como uma citação direta extraída dos ensinamentos de Buda, isso não é verdade. Embora a formulação desse código apoie os ensinamentos de Buda, até onde este autor sabe, não há nenhum livro, capítulo ou versículo extraído de algum antigo texto sânscrito que afirme essas palavras. Em vez disso, o Código de Sabedoria 10 é um resumo comumente usado do princípio budista do desapego e do que ele significa em tempos de perda. Esse código fornece uma nova perspectiva sobre a perda, e sobre como curar o sofrimento que sobrevém de nossa perda, por meio das *três marcas da existência* descritas anteriormente no Código de Sabedoria 9.

Em resumo, a *primeira marca da existência* afirma diretamente a impermanência de todas as coisas e nos lembra de que todas as coisas, todas as pessoas e todos os relacionamentos são temporários. A *segunda marca da existência* afirma diretamente que nosso sofrimento é o resultado de nosso apego a pessoas, relacionamentos e condições, que são, por sua própria natureza, temporários. A *terceira marca da existência* está implícita como uma conclusão das duas primeiras marcas. É também a fonte do poder e da cura que é possível a partir do Código de Sabedoria 10.

A terceira marca da existência é conhecida como a *doutrina do não eu* (*anatman* em sânscrito). Ela afirma que a chave para a cura em nosso tempo de perda consiste em renunciar ao aspecto de nós mesmos que está experimentando o sofrimento – o ego, que quer que as nossas amizades, relacionamentos, famílias e circunstâncias de vida permaneçam em uma existência estática. Fazemos isso ao abraçar a maior expressão de nós mesmos como o não eu. Nessa nova e expandida identidade, nós nos vemos como parte do mundo ao nosso redor, e não como separados dele. E sendo parte de tudo o que conhecemos e experimentamos, é realmente impossível perder alguma coisa.

CURANDO DUAS ILUSÕES

Ao abraçar a versão mais consciente de nós mesmos oferecida na terceira marca da existência, iniciamos nossa cura de duas ilusões – as ilusões de que (1) realmente somos "donos" de outra pessoa, de que realmente "possuímos" um lugar, um animal de estimação ou a terra em que vivemos; e (2) nosso hábito de nos apegar a alguém ou alguma coisa como um elemento permanente em nossas vidas –, mudando o que a experiência da perda significa para nós. Ao fazer isso, nós, em última análise, damos um novo significado ao sofrimento que vem de nossa perda.

Para ficar absolutamente claro, esse código de sabedoria não é um convite para sermos indiferentes às perdas que inevitavelmente sofreremos em nossa vida. Ele não se destina a diminuir ou, de maneira alguma, a negar a dor que sentimos pela perda de um amigo, animal de estimação ou ente querido. Destina-se a aliviar o fardo de nossas perdas quando elas ocorrem.

O poder do Código de Sabedoria 10 está no fato de que ele nos dá um motivo para pensar de maneira diferente sobre as pessoas, lugares e coisas que nos abandonam. Não podemos mudar esse movimento de abandono. Quando nos encontramos perdidos, enfrentamos uma de duas escolhas. Podemos permanecer presos em nossos sentimentos de erro, fracasso e tragédia pelo que perdemos, ou podemos aceitar nossa perda e permitir a cura necessária para preencher o vazio.

COMO USAR O CÓDIGO DE SABEDORIA 10

O Código de Sabedoria 10 é uma declaração informal que nos lembra da fonte de nosso sofrimento em tempos de perda, bem como o remédio para transcender nosso sofrimento. O poder dos códigos de sabedoria vem de sua repetição, a qual é realizada com a voz afirmativa. Isso imprime um código na mente subconsciente. Quando criamos harmonia entre coração e cérebro, como descrevemos em "Como Usar os Códigos de Sabedoria" (consulte a página 21), abrimos uma "linha direta" de comunicação com a mente subconsciente.

A partir de um lugar de harmonia entre coração e cérebro, recite esse código linha por linha, silenciosamente em sua mente ou em voz alta, até sentir uma intensificação da sensação de confiança e de certeza de que você não está sozinho. A chave está em abraçar esse código tendo por foco o fato de que a percepção, a respiração e o sentimento estão concentrados no coração, e não na mente.

O padrão original do código de sabedoria

- *Você só perde aquilo a que se apega.*

O padrão personalizado do código de sabedoria

- *Eu só perco aquilo a que me apego.*

Notas

Notas

código de sabedoria 11

Mantra Pavamana

CÓDIGO DE SABEDORIA 11: Conduza-me do irreal para o real. Conduza-me das trevas para a luz. Conduza-me da morte para a imortalidade. Que haja paz, paz, paz.

USO: Este código está na forma de um cântico ou mantra, planejado para nos ajudar em tempos de perda e luto.

FONTE: *Brihadaranyaka Upanishad*.

Por quase 3 mil anos, os antigos *Upanishads* permaneceram como uma fonte primária de conforto, cura e sabedoria na tradição hindu. O poder desses textos e a cura que eles nos oferecem em nossos tempos de perda encontra-se no nome dos próprios textos. Em sânscrito, a palavra *Upanishad* significa "estar *perto*" (*upa*) e "*sentar*-se" (*ni-sad*), o que, literalmente, reflete a maneira como a sabedoria védica foi originalmente oferecida – para aqueles sentados na presença de um mestre.

Uma das razões pelas quais esses textos foram tidos em tão alta estima durante quase três milênios deve-se ao fato de que, em vez de oferecer uma doutrina de informações estruturadas vindas de uma fonte invisível e sobrenatural, esses textos refletem a sabedoria coletada por professores eruditos – companheiros humanos compartilhando experiências reais e suas vidas pessoais.

O Código de Sabedoria 11, o *Mantra Pavamana*, está incluído no *Brihadaranyaka*, um dos principais *Upanishads*, e é um tratado dedicado ao conceito do *atman* – o conceito hindu da alma ou do eu. De acordo com o professor John Campbell, ex-professor de estudos religiosos da Universidade da Virgínia, esse mantra fala sobre a "transformação do indivíduo e de seu ambiente". E a transformação é precisamente aquilo a que se refere a cura da perda pessoal.

Na presença do vazio emocional criado pela perda de algo ou alguém que amamos, somos transformados. Não continuaremos mais no mundo como a mesma pessoa que éramos antes de ocorrer a perda. Não podemos, porque a fórmula que definia o mundo como o conhecemos, e que incluía nosso ente querido, mudou. Nessa mudança encontramos nossa luta. Na resolução de nossa luta, descobrimos nossa nova identidade. É aqui que o Código de Sabedoria 11 pode ser um poderoso catalisador em nossa cura. Um olhar mais atento para este canto e o significado de cada afirmação fornece as chaves que nos ajudam a reconhecer e abraçar o poder dessa sabedoria védica em tempos de perda.

Linha 1: Conduza-me do irreal para o real.

Esta afirmação é um convite ao leitor (entoador), pedindo-lhe para permitir que a mais profunda verdade da natureza ilusória da vida – o irreal – dê lugar àquilo que já sabemos, em nosso coração, ser a natureza real, embora transitória, do mundo, das nossas vizinhanças e da vida de nossos entes queridos.

Linha 2: Conduza-me das trevas para a luz.

Esta afirmação é um lembrete de que assim como a ilusão (alguma coisa irreal) dá lugar à verdadeira natureza do mundo (o real), de que a escuridão e o sofrimento que vêm de nossas perdas deem lugar à aceitação e à cura (luz) da verdadeira natureza de nossa essência.

Linha 3: Conduza-me da morte para a imortalidade.

Por meio dessa afirmação, vemos completar-se uma hierarquia que começou com a primeira frase e, nessa hierarquia, vemos uma aplicação mais profunda e íntima de nossa cura. A sequência nos leva da visão macro do cosmos e da natureza da realidade, passando pelos componentes cotidianos das trevas e da luz, que alimentam e acionam a realidade deste mundo, até uma perspectiva íntima e micro das trevas e da luz em nossas vidas, expressa como morte e imortalidade.

Linha 4: Que haja paz, paz, paz.

Essa afirmação é a conclusão e o encerramento do cântico e o objetivo de sua aplicação. Como não há uma tradução exata em inglês para o sânscrito, embora a palavra original que fecha esse cântico, *shaantih*, possa significar "paz", também pode significar "calma", "descanso" ou "tranquilidade". Cada um desses significados reflete o objetivo de chegar a um acordo com as perdas que experimentamos na vida.

COMO USAR O CÓDIGO DE SABEDORIA 11

O poder dos códigos de sabedoria vem de sua repetição, a qual é realizada com a voz afirmativa. Isso imprime um código na mente subconsciente. Quando criamos harmonia entre coração e cérebro, como descrevemos em "Como Usar os Códigos de Sabedoria" (consulte a página 21), abrimos uma "linha direta" de comunicação com a mente subconsciente.

A partir de um lugar de harmonia entre coração e cérebro, recite esse código linha por linha, silenciosamente em sua mente ou em voz alta, até sentir uma intensificação da sensação de confiança e de certeza de que você não está sozinho. A chave está em abraçar esse código tendo por foco o fato de que a percepção, a respiração e o sentimento estão concentrados no coração, e não na mente.

Algumas pessoas acham que recitar mantras dos *Upanishads* no original em sânscrito pode proporcionar uma cura ainda mais efetiva quando usam esse antigo mantra. A seguir você tem o código em sua totalidade, primeiro declarado em português traduzido do inglês, seguido pelas palavras em sânscrito.

Tradução do inglês para o português

- *Conduza-me do irreal para o real.*
- *Conduza-me das trevas para a luz.*
- *Conduza-me da morte para a imortalidade.*
- *Que haja paz, paz, paz.*

Palavras originais em sânscrito

- *Om Asato Maa Sad-Gamaya.*
- *Tamaso Maa Jyotir-Gamaya.*
- *Mrtyor-Maa Amrtam Gamaya.*
- *Om Shaantih Shaantih Shaantih.*

Notas

PARTE QUATRO

força

Ingresse dentro de si a cada dia e encontre a força interior para que o mundo não apague a sua vela.

— Katherine Dunham, antropóloga e dançarina

"Agora você encontrou as condições nas quais o desejo do seu coração pode se tornar a realidade do seu ser. Fique aqui até adquirir em você *uma força* que nada pode destruir." Com essas palavras, um monge misterioso revelou a grande fonte de poder que espera cada um de nós ao abraçarmos nosso potencial interior para a força emocional.

O aluno que recebeu a mensagem foi o explorador e místico do século XIX – e primeira metade do século XX –, George Ivanovich Gurdjieff, muitas vezes conhecido simplesmente como Gurdjieff. Seu professor era membro da misteriosa Irmandade Sarmoung, uma seita lendária e mística que Gurdjieff buscou e localizou profundamente escondida nas montanhas da Ásia Central. A condição que o professor estava descrevendo é o poder da *força interior*, que está disponível a cada um de nós, e a *escolha* que Gurdjieff fez para aproveitar essa força de modo a atingir seu maior potencial.

ESCOLHA E FORÇA INTERIOR

Há uma relação direta entre nossa força interior e o ato de escolha. Esse relacionamento nos lembra que, independentemente dos desafios de nossa vida, sempre temos o poder de escolha de como reagir àquilo que a vida traz à nossa porta. E é o poder de nossas escolhas que é a fonte de nossa força interior. Sem esse poder, é fácil se sentir atolado, desamparado e aprisionado em nossas circunstâncias.

Antes que Gurdjieff pudesse embarcar no caminho místico que há tanto tempo procurava, a fim de que lhe fossem reveladas suas forças mais profundas, uma mudança em seu pensamento teve de acontecer. Ele precisou, em sua primeira escolha, permitir que seu sistema de crenças atual fosse substituído pelo conhecimento que a Irmandade Sarmoung lhe revelou, e também teve, em sua segunda escolha, de permitir que esse conhecimento se tornasse a sabedoria que dirigiu sua vida. Ao fazer isso,

Gurdjieff exerceu o que talvez sejam os dois maiores poderes da experiência humana, apesar de, talvez, também serem os menos compreendidos, os poderes da escolha e do livre-arbítrio. Esses poderes estão intimamente relacionados e caminham juntos para se tornarem a fonte de nossa força interior.

LIVRE-ARBÍTRIO: ILUSÃO OU REALIDADE?

A ciência moderna sugere que o livre-arbítrio é uma experiência exclusivamente humana. Até onde sabemos, nenhuma outra forma de vida sobre a terra tem a capacidade de refletir sobre as opções disponíveis a elas em determinado momento – perguntando: "E se?" quando se trata de considerar as implicações de suas opções – e, em seguida, a capacidade de escolher uma opção com base no que consideraram. Claramente, nosso poder de escolha é uma característica significativa de nossa humanidade. É também a chave para nossos níveis mais elevados de maestria.

Para o propósito desta seção, definirei *livre-arbítrio* como nossa capacidade para selecionar uma em meio à miríade de possibilidades que existem em uma determinada situação e, em seguida, implementar a que escolhemos. Nesse contexto, exercemos nosso poder de livre-arbítrio por meio das escolhas que fazemos em cada momento de cada dia de nossas vidas – os alimentos que escolhemos para nutrir nosso corpo; a maneira como escolhemos pensar sobre outras pessoas, e tratar delas; a maneira como escolhemos permitir que outras pessoas tratem de nós; nossa escolha de dar amor sem condições; e nossa escolha de receber o amor que vem a nós. O tema da escolha, e de quanta escolha realmente temos na vida, foi e continua sendo a fonte de acalorados debates nos círculos acadêmicos e filosóficos.

De acordo com uma perspectiva científica, realmente não temos nenhum livre-arbítrio. Os defensores dessa escola de pensamento baseiam sua opinião na evidência de que o Big Bang é a origem do Universo. Como toda a matéria estava inicialmente conectada em um momento em que imperava a singularidade, e a expansão que começou com essa singularidade continua até hoje, então as ações e interações que vigoram em toda a matéria do universo são determinadas pelos eventos postos em movimento em uma fração de segundo após o Big Bang, dizem eles. Nós só *parecemos* ter livre-arbítrio porque há tantas possibilidades disponíveis a nós em qualquer dado momento que provavelmente nunca ficaremos sem opções, e para nós, as escolhas parecem infinitas.

Outra escola de pensamento científico sugere que, em vez de viver em um universo determinista e ordenado, que foi colocado em movimento no instante de sua criação, vivemos em um universo caótico. Dessa perspectiva, não há ordem universal e nossas escolhas são verdadeiramente aleatórias e infinitas dentro do contexto das leis da física que governam nosso mundo físico.

Embora ambas as perspectivas tenham evidências científicas para apoiá-las, explorá-las mais à fundo é mais do que posso fazer justiça nesta breve introdução à Parte Quatro. Por essa razão, meu uso da expressão *livre-arbítrio* tem o objetivo de descrever nossa decisão de seguir um curso de ação dentro do contexto do que sabemos ser possível em cada situação. Uma vez que reconhecemos a existência da escolha e do livre-arbítrio e os papéis que eles desempenham em nossas vidas, a questão é: "Como podemos fazer uso de tais poderes?".

Esse é o problema que os três próximos códigos de sabedoria nos ajudam a abordar.

Notas

código de sabedoria 12

Oração da Beleza

CÓDIGO DE SABEDORIA 12: A beleza com a qual você vive, a beleza pela qual você vive, a beleza na qual você baseia sua vida.

USO: Esta chave nos lembra de que a beleza existe em todas as coisas. Nosso trabalho é encontrar a beleza nas experiências da vida.

FONTE: Uma versão informal de uma antiga oração navajo.

Há quatrocentos anos, nos altos desertos do sudoeste norte-americano, os grandes guardiões da sabedoria das famílias navajo (*Diné*) foram testados pelos extremos do clima, pelos elementos e pelas tribos aguerridas que os cercavam. As dificuldades que resultavam da seca, do calor intenso e da falta de comida em suas sociedades levaram os navajo a perceber que eles precisavam transformar o poder de sua dor *interior* para suportar e transcender as duras condições de seu mundo *exterior*. Sua própria sobrevivência dependia de aprender a fazer isso.

Reconhecendo que os testes que a vida lhes impunha os empurraram para as maiores profundezas de seu sofrimento, eles também descobriram que os mesmos testes revelaram suas maiores forças. A chave para sua sobrevivência era mergulharem totalmente nos desafios da vida, em vez de tentar evitá-los, e fazer isso sem se perder na experiência. Eles tiveram de encontrar as âncoras emocionais dentro de si mesmos – as crenças centrais que lhes deram a força para suportar seus testes – e o conhecimento de que um dia melhor sucederia a essas provações. A partir desse lugar de poder interior, eles tiveram a confiança de assumir riscos e implementar as mudanças para prosperar em seu mundo em mudança.

ENCONTRANDO UMA ÂNCORA EMOCIONAL

Nossa vida atual pode não ser muito diferente da vida dos povos nativos que vagavam pelos altos desertos da América do Norte há muito tempo. Embora o cenário tenha mudado e as circunstâncias tenham mudado, ainda nos encontramos em situações que abalam os alicerces de nossas crenças, testam os limites de nossa sensibilidade e nos desafiam a superar as coisas que nos machucam.

Dos ciclos de notícias das televisões a cabo que nos bombardeiam com tragédias mundiais 24 horas por dia, 7 dias por semana, e as evidências dos impactos da mudança do clima, até as disfunções de políticas sociais e de planos de ação política que parecem não fazer sentido, é fácil sermos arrastados para o caos emocional de celebridades, amigos, família e colegas de trabalho apanhados no drama dos extremos da vida. Esses são exatamente os momentos em que precisamos de uma maneira de pensar que nos leve a uma perspectiva mais equilibrada e saudável – uma bússola emocional para nos manter em um caminho estável. Os antigos códigos de sabedoria que serviam aos navajo em sua época podem fazer o mesmo por nós atualmente, se convidarmos esses códigos para nossa vida.

O PODER OCULTO DA BELEZA

Descobertas recentes na ciência moderna agora se somam a um crescente corpo de evidências, sugerindo que a beleza é mais do que simplesmente uma estética prazerosa; é um poder transformador. Mais do que apenas um adjetivo que descreve as cores de um pôr do sol, ou de um arco-íris que se segue a uma tempestade no fim do verão, a beleza é uma experiência direta, sensual e que altera a vida – especificamente, a beleza é a *nossa* experiência. Acredita-se que os seres humanos sejam a única espécie de vida na Terra com a capacidade de perceber a beleza do mundo ao seu redor e de buscar a beleza nas experiências de nossa vida cotidiana.

Por meio de nossa experiência da beleza, recebemos o poder de mudar o que sentimos em nosso corpo. Conforme descrevemos anteriormente, nossos sentimentos, por sua vez, estão diretamente ligados à maneira como os neurônios "ligam e disparam" [*wire and fire*], bem como à química de nossas células e órgãos, e ao mundo além de nosso corpo. Então, quando dizemos que a beleza tem o poder de mudar nossas vidas, não é exagero dizer que a mesma beleza também tem o poder de mudar nosso mundo! A chave está no fato de que precisamos olhar para além das feridas, do sofrimento e dor que nos são apresentados no momento e reconhecer a beleza que já existe em todas as coisas. Só então teremos desencadeado o poder que a escolha da beleza mantém para nossas vidas.

A ORAÇÃO DA BELEZA NAVAJO

Por meio de uma eloquência típica dessa sabedoria antiga, a tradição navajo descreve uma maneira de olhar para os extremos da vida que coloca a responsabilidade por nossa felicidade, bem como por nosso sofrimento, diretamente sobre nossos ombros. O Código de Sabedoria 12 reflete essa perspectiva e é conhecido como A Oração da Beleza. Este código poderoso forma a oração de encerramento da cerimônia do Caminho da Bênção, uma de uma série de seis cerimônias destinadas a trazer harmonia para o cosmos e todas as coisas nele. Outras cerimônias da série incluem os Caminhos Sagrados, os Caminhos da Vida, os Caminhos do Mal, os Cerimoniais de Guerra e os Caminhos do Jogo. Embora a linguagem precisa do Código de Sabedoria 12 varie de transcrição para transcrição, e do empenho de propagar a narrativa (*telling to telling*), conforme ela é transmitida de geração em geração, o tema da oração permanece o mesmo.

Para oferecer a essência deste código da maneira mais simples e respeitosa possível, estou compartilhando uma versão informal de uso diário que foi descrita pelo artista e pintor navajo Shonto Begay em um artigo de revista que li muitos anos atrás. Begay oferece o código em três frases curtas, com cada frase iluminando um *insight* fundamental sobre nosso poder de mudar a química do corpo e influenciar a maneira como vemos nosso mundo. Também ofereço uma versão mais longa e formal da oração no texto que se segue imediatamente a essa descrição.

Begay descreve a essência da Oração da Beleza navajo ao afirmar: "Dizemos *nizhonigoo bil iina*, a beleza com a qual você vive, a beleza pela qual você vive, a beleza na qual você baseia sua vida". Por meio dessas palavras, os anciãos navajo, durante séculos, transmitiram uma sabedoria sofisticada, que lembrava ao seu povo, e agora lembra a nós, da conexão entre nossos mundos interno e externo – uma conexão que foi reconhecida apenas recentemente pela ciência moderna. Cada frase dessa oração descreve uma faceta de nosso relacionamento com a beleza, e com o que o empenho de abraçar a beleza pode significar para nossas vidas. A chave aqui está no fato de que devemos convidar o poder da beleza para nossas vidas. Um olhar mais atento para esse código de sabedoria, frase por frase, revela as nuanças sutis da oração e por que ela tem tanto poder.

Frase 1: "A beleza com a qual você vive"

Essa frase é uma chave para nos lembrar que não criamos a beleza que está presente no mundo. Ela já existe. E embora nem todas as coisas sejam necessariamente belas, há uma beleza que pode ser encontrada em todas as coisas e em todas as situações. Nosso trabalho é encontrar essa beleza – procurá-la mesmo quando não é aparente. Fazer isso é uma escolha. Desde a perda profundamente pessoal de entes queridos até as crises de saúde e relacionamento que aparecem em nossas vidas, encontrar a beleza é a chave para dar sentido aos eventos aparentemente sem sentido da vida. Além da sabedoria dos antigos navajo, recebemos exemplos vivos do poder de nossas escolhas por grandes mestres da atualidade.

A santa católica Madre Teresa é um exemplo perfeito do que estou dizendo aqui. Madre Teresa, ou "Mãe" como as pessoas próximas a essa grande mulher a chamavam, aplicou a elegância simples de sua crença na beleza em sua vida. Ao fazer isso, ela mudou para sempre o antigo estigma associado aos chamados intocáveis da Índia, os não reclamados, doentes e moribundos que são, com frequência, encontrados abandonados nas ruas. Sem julgá-los "menos do que" qualquer outra pessoa, ela e seus voluntários Missionários da Caridade saíam todas as manhãs para procurar nas ruas de Calcutá as pessoas a quem chamavam de filhos de Deus. As irmãs levavam essas pessoas, historicamente rejeitadas pela sociedade indiana, e às vezes até suas próprias famílias, para os albergues que criaram para dar-lhes dignidade, privacidade e beleza em suas últimas horas restantes na terra. Ao fazer isso, Madre Teresa encontrava beleza onde poucas pessoas acreditavam que a beleza pudesse existir.

Em meio à sujeira de lixo e entulho nas sarjetas, o fedor e a decomposição de comida apodrecendo nos becos junto a carcaças não identificáveis, ela notou uma massa de esterco de vaca na rua. Crescendo no esterco, ela descobriu uma flor colorida. Naquela flor ela encontrou vida, e nessa vida encontrou a beleza – ela escolheu ver a beleza – nas ruas de Calcutá. Esse é o poder de escolha que recebemos quando se trata de reconhecer como vemos a vida.

Cada vez que optamos por ver a beleza que é possível ou que já está presente na dor, na perda, nas decepções e nas traições da vida, estamos fazendo a escolha de retomar nosso poder em vez de sermos definidos pela situação. Quando dizemos: "A beleza com que vivo" (a palavra *você* pode ser substituída por *eu* para tornar a oração mais pessoal), estamos reconhecendo esse fato e fazendo a escolha de ver a beleza que existe em tudo.

Frase 2: "A beleza pela qual você vive"

A segunda linha da oração nos lembra do papel significativo que a beleza pode desempenhar em nossas vidas. Quando vivemos procurando e esperando descobrir a beleza em tudo o que a vida nos mostra, começamos a ver as polaridades do mundo, e de nós mesmos, sob uma nova luz. Embora não possamos mudar o que já aconteceu, ao reconhecermos as tragédias da vida, também reconhecemos que em cada experiência há uma beleza que equilibra os extremos.

Madre Teresa era mestre em convidar diariamente a beleza para sua vida. Sua vida nos proporciona um lindo padrão para fazer o mesmo.

Frase 3: "A beleza na qual você baseia sua vida"

A próxima frase é um código que nos guia além de simplesmente encontrar a beleza que existe em todas as coisas. Ele nos leva à próxima etapa de dar àquela beleza um significado maior em nossa vida. Sem palavras de explicação, sem racionalização e sem justificativa, grandes mestres como Madre Teresa *escolhem* ver a beleza em todos os lugares e em todas as coisas. Para eles, ela já estava presente. Já estava em todo lugar, sempre. Ao longo de suas vidas, somos lembrados de que nosso trabalho é descobrir essa beleza. A vida é nossa oportunidade de buscar a beleza e de abraçar a beleza que descobrimos em todas as coisas – desde as mágoas mais profundas às maiores alegrias – para nos tornarmos o padrão pelo qual sustentamos nossas vidas e a nós mesmos.

Quando baseamos nossa vida no princípio da beleza e permitimos que ela se torne o fundamento de nossa visão de mundo, somos transformados como pessoas. Nossa escolha de fazer isso substitui nossa mágoa, nossa desesperança e nosso medo pelo poder transformador que a beleza torna possível. E não é apenas nossa imaginação. Nossa disposição de abraçar a beleza em todas as coisas direciona nossos neurônios, literalmente, a refletir nossa escolha. Nossas células começam a procurar outras células que mantêm o mesmo equilíbrio químico e se conectam para criar as novas vias neurais que elevam nossa perspectiva para cima da batalha da experiência. Por meio das palavras de um autor navajo cujo nome foi esquecido há muito tempo, mas que foram transmitidas de pessoa a pessoa e por meio de cerimônia após cerimônia por séculos, o poder e a simplicidade dessa oração oferece uma esperança renovada quando tudo o mais parece falhar.

A TRADUÇÃO COMPLETA DA ORAÇÃO DA BELEZA NAVAJO

Na seção anterior, identifiquei uma versão breve e simplificada da Oração da Beleza, oferecida por Shonto Begay. Nesta seção, quero compartilhar uma versão formal da mesma oração. Ambas as versões podem funcionar como Código de Sabedoria 12.

Em tempos de necessidade, quando me vejo cambaleando com o choque de uma tragédia mundial ou a perda de uma pessoa amada, ou estou sentindo o impacto emocional de um relacionamento difícil, normalmente uso a forma breve da Oração da Beleza como minha versão rápida, pois não preciso consultá-la ou lê-la em uma folha impressa. Ela é breve, direta e poderosa assim como é.

Em um ambiente mais formal, no entanto, como quando estou conduzindo um grande público em uma oração ou no lazer de uma meditação pessoal estendida, sem restrições de tempo, eu uso a versão mais longa. A seguir está a tradução em português da Oração da Beleza em sua totalidade:

Em beleza eu caminho

Com a beleza diante de mim eu caminho

Com a beleza atrás de mim eu caminho

Com a beleza acima de mim eu caminho

Com a beleza ao meu redor eu caminho

Tornou-se beleza de novo

Tornou-se beleza de novo

Tornou-se beleza de novo

Tornou-se beleza de novo

O código de palavras da Oração da Beleza é um modelo de como podemos escolher ver a beleza na vida cotidiana. A aplicação é clara. As instruções são precisas. Em nossa era de alta tecnologia de conectividade via Internet e circuitos miniaturizados que se ajustam em um *chip* de cartão de crédito, pode ser fácil ignorar o poder que essa escolha traz para nossas vidas. Dentro da compreensão quântica de um mundo onde nossas crenças internas tornam-se o nosso mundo externo, que tecnologia poderia ser mais simples ou mais poderosa do que o poder de escolha?

COMO USAR O CÓDIGO DE SABEDORIA 12

O poder dos códigos de sabedoria vem de sua repetição, a qual é realizada com a voz afirmativa. Isso imprime um código na mente subconsciente. Quando criamos harmonia entre coração e cérebro, como descrevemos em "Como Usar os Códigos de Sabedoria" (consulte a página 21), abrimos uma "linha direta" de comunicação com a mente subconsciente.

A partir de um lugar de harmonia entre coração e cérebro, recite esse código linha por linha, silenciosamente em sua mente ou em voz alta, até sentir uma intensificação da sensação de confiança e de certeza de que você não está sozinho. A chave está em abraçar esse código tendo por foco o fato de que a percepção, a respiração e o sentimento estão concentrados no coração, e não na mente.

Para sua conveniência, estou incluindo várias versões da Oração da Beleza.

Tradução abreviada e informal do inglês para o português

A beleza com a qual você vive.

A beleza pela qual você vive.

A beleza na qual você baseia sua vida.

Tradução abreviada e informal do idioma navajo

Nizhonigoo bil iina.

Tradução completa e formal do inglês para o português

Na beleza eu caminho.

Com a beleza diante de mim eu caminho.

Com a beleza atrás de mim eu caminho.

Com a beleza acima de mim eu caminho.

Com a beleza ao meu redor eu caminho.

Tornou-se beleza de novo.

Tornou-se beleza de novo.

Tornou-se beleza de novo.

Tornou-se beleza de novo.

A oração navajo completa e formal

Hózhóogo náashaa doo

Shitsiji' hózhóogo náashaa doo

Shikeedee hózhóogo náashaa doo

Shideigi hózhóogoo náashaa doo

T'áá altso shinaagóó hózhóogo náashaa doo

Hózhó náhásdlii'

Hózhó náhásdlii'

Hózhó náhásdlii'

Hózhó náhásdlii'

Notas

código de sabedoria 13

Mantra Védico

CÓDIGO DE SABEDORIA 13: Om Namah Shivaya.

USO: Este código é um mantra tradicional hindu que desperta nossa autoconfiança para encontrarmos força e propósito na vida.

FONTE: O *Yajur Veda*, texto védico.

Os efeitos e benefícios de entoar antigos mantras hindus estão bem documentados na literatura científica. Um relatório de 2002 publicado na *Corsini Encyclopedia of Psychology and Behavioral Science* [Enciclopédia Corsini de Psicologia e Ciência Comportamental] declarou que os benefícios fisiológicos da repetição de mantras incluem "níveis reduzidos de tensão, frequência cardíaca mais lenta, pressão sanguínea diminuída, consumo de oxigênio mais baixo e produção de ondas alfa aumentada".

E embora essas poderosas relações ligando som/palavra/célula possam parecer novas descobertas para alguns cientistas modernos, nas antigas tradições hindus, o uso de mantras falados é conhecido por ter efeitos poderosos sobre o corpo, bem como sobre a mente. Antes de sua morte, em 2010, o estudioso védico Thomas Ashley-Farrand declarou: "Os mantras têm um efeito muito específico sobre nossos estados mentais, emocionais, físicos e espirituais. Sábios da Índia ensinam que essas meditações sonoras podem realmente ter o poder de transformar nossas condições humanas, incluindo relacionamentos, saúde, felicidade, carreira, finanças e sucesso, para citar apenas algumas".

Considerando as tradições antigas, bem como as pesquisas modernas, não deveria causar surpresa o fato de que o uso de mantras se estenda até os níveis mais profundos da psique humana, além de se refletir nas emoções e nos sinais vitais do corpo.

O MANTRA HINDU DA FORÇA

Um dos cânticos hindus mais usados é o antigo mantra para força, *Om Namah Shivaya*. Este mantra originou-se como um dos 1.800 hinos preservados nos textos védicos, como o *Yajur Veda*. Ele faz homenagem a Shiva, uma das três principais divindades na tradição hindu.

Trabalhando em conjunto com Brahma, o criador, e Vishnu, o preservador, Shiva fornece uma harmonia poderosa entre essas forças primordiais de uma maneira que o leva a ser considerado como o *destruidor*. É por causa dessa interpretação que a mera menção do nome de Shiva muitas vezes evoca um sentido de morte e destruição.

Talvez uma das observações mais conhecidas dessa correlação tenha sido a reação de Robert Oppenheimer ao testemunhar a detonação da primeira bomba atômica em um teste em 16 de julho de 1945. Conhecido como o pai da bomba atômica, Oppenheimer, que também era um leitor ávido de um clássico da literatura indiana, o *Mahabharata*, em uma declaração famosa pronunciou as palavras do Senhor Shiva contidas no texto: "Agora eu me tornei morte, o destruidor de mundos".

Em 2017, tive a oportunidade de visitar a maior e mais complexa máquina do mundo, o Large Hadron Collider (Grande Colisor de Hádrons) do CERN, que atravessa a fronteira entre a França e a Suíça. Foi durante minha visita que descobri por que a destruição associada a Shiva é apenas uma parte da história. Formalmente conhecido como Organização Europeia para a Pesquisa Nuclear, ou CERN – Conseil Européen pour la Recherche Nucléaire, em francês, o laboratório de física do CERN representa um dos maiores esforços científicos cooperativos da história do mundo. O objetivo da instalação é fornecer tecnologia avançada para explorar as leis da física que surgiram imediatamente após a formação do Universo. Durante minha visita ao CERN, fiquei fascinado ao descobrir que o presente que a Índia deu ao laboratório não tinha nada a ver com tecnologia avançada – pelo menos no sentido tradicional.

Elevando-se sobre mim em um pátio entre dois edifícios estava uma escultura em grande escala da forma dançarina de Shiva conhecida como *Nataraja*, que pode ser traduzida como "senhor da dança". O significado dessa forma particular de Shiva é a razão pela qual a estou descrevendo aqui. Embora seja verdade que Shiva é muitas vezes descrito como o destruidor, uma exploração mais aprofundada da tradição hindu revela que o nome também é frequentemente anexado ao atributo de *transformador*. E embora as qualidades da destruição e da transformação sejam usadas com frequência de modo intercambiável, a precisão pode ser maior se as descrevemos como partes de uma sequência, em vez de considerá-las como substitutas uma da outra.

A razão é simples. Para que alguma coisa se transforme, às vezes é preciso substituir a que existe por uma nova, e, como se espera, mais aperfeiçoada expressão de si mesma. Ao fazer isso, a versão antiga deve ser destruída para abrir caminho ao nascimento da nova. Portanto, neste sentido, embora Shiva possa parecer destruir o que existe no presente, a destruição não é o objetivo. Em vez disso, é um trampolim para a revelação do que emerge da destruição.

Essa distinção é a razão pela qual o governo indiano escolheu Shiva em vez das outras divindades para apresentar ao CERN. Os experimentos avançados em física realizados lá são projetados para revelar as verdades mais profundas de nossa existência. Para chegar a essa nova compreensão e revelar os segredos da criação, é necessário destruir as partículas subatômicas por meio de colisões de alta velocidade.

Essa distinção também é a razão pela qual o mantra *Om Namayah Shivaya* pode ser um código de sabedoria tão poderoso para nossas vidas. Ao invocar o poder de Shiva em nossas vidas, destruímos velhas ideias de autolimitação e nos libertamos para nos transformar em novas expressões de nós mesmos que incorporam nossas forças mais profundas.

O SIGNIFICADO DO MANTRA

O antigo canto *Om Namah Shivaya* permanece como um dos mantras védicos mais amplamente usados hoje – que é entoado e cantado por pessoas ao redor do mundo. Sua longevidade é atribuída à sua simplicidade, bem como à sua universalidade. Como vimos com outros idiomas antigos, não há correspondência biunívoca, direta, entre o sânscrito antigo e as palavras do inglês moderno. Por esse motivo, qualquer tradução é apenas uma aproximação do significado original.

As descrições a seguir podem nos ajudar a compreender a intenção do que estamos dizendo enquanto recitamos este canto antigo para obter força interior.

Om

A vibração original que existia antes do surgimento do universo. Como tal, esse som primordial representa simultaneamente a existência pura de tudo e nada.

Namah

Esta palavra significa "adornar" ou "curvar-se em adoração". Dentro do contexto desse mantra, é uma declaração de honra a transformação de nossas percepções de sentimentos aprendidos de inadequação na verdade profunda de nossa força interior.

Shivaya

Uma forma de Shiva significa "o eu interior". Cada um de nós possui as três faces da trilogia hindu: Brahma, o criador; Vishnu, o preservador; e Shiva, o destruidor/transformador. Nesse mantra, invocamos nosso Shiva interior – aquela parte de nós mesmos que tem o poder de transformar nossas vidas.

Tomados em conjunto, os elementos desse código de sabedoria antigo, eloquente e simples tornam-se um convite nosso dirigido a nós mesmos. Nesse convite, reconhecemos três atributos de nosso ser:

- A existência de nossa força interior.
- Nossa coragem de trazer para nossas vidas a força que já existe.

- O poder de usar nossa força para seguir em frente com as escolhas de transformação que fazemos em nossas vidas.

COMO USAR O CÓDIGO DE SABEDORIA 13

O poder dos códigos de sabedoria vem de sua repetição, a qual é realizada com a voz afirmativa. Isso imprime um código na mente subconsciente. Quando criamos harmonia entre coração e cérebro, como descrevemos em "Como Usar os Códigos de Sabedoria" (consulte a página 21), abrimos uma "linha direta" de comunicação com a mente subconsciente.

A partir de um lugar de harmonia entre coração e cérebro, recite esse código linha por linha, silenciosamente em sua mente ou em voz alta, até sentir uma intensificação da sensação de confiança e de certeza de que você não está sozinho. A chave está em abraçar esse código tendo por foco o fato de que a percepção, a respiração e o sentimento estão concentrados no coração, e não na mente.

- *Om Namah Shivaya.*
- *Om Namah Shivaya.*
- *Om Namah Shivaya.*

Notas

Notas

código de sabedoria 14

Salmo 23

CÓDIGO DE SABEDORIA 14: O Senhor é o meu pastor;/nada me falta./Em verdes prados me faz descansar./E para água tranquilas me guias;/restaura-me o vigor e conduz-me nos caminhos da justiça/por amor do seu nome.

USO: As palavras deste salmo poderoso perduraram através dos séculos como uma fonte de força e de conforto em tempos de perda, tristeza e necessidade.

FONTE: A Bíblia King James, Nova Versão Internacional, Salmo 23, versão abreviada.

Um dos hinos mais universalmente reconhecidos e mais comumente recitados da Bíblia cristã é o Salmo 23, reconhecido com frequência pelo nome que brilha na primeira frase do hino: "O Senhor é o meu pastor". Este salmo é comumente usado em serviços funerários e memoriais para consolar aqueles que estão de luto pela perda de entes queridos. Um olhar mais atento para a forma como o salmo é construído, e para as próprias palavras, revela por que essa oração se destaca entre os 150 hinos do livro de Salmos.

SALMO 23 REINTERPRETADO

O Salmo 23 foi composto pelo bíblico rei Davi durante um período em sua juventude, quando ele era um pastor que cuidava de seu rebanho de ovelhas. Menciono isso porque é através dos olhos de um pastor de ovelhas que cuida e é responsável por seu rebanho que a imagem deste salmo é transmitida. E, ao fazer isso, toca algo profundo e antigo em nossa psique. O sentido de conforto emerge imediatamente com a primeira frase: "O Senhor é o meu pastor". O trabalho de um pastor é zelar, cuidar e prover as criaturas que dependem dele com o alimento que é conveniente às suas vidas e ao seu bem-estar. Quando perdemos uma pessoa amada, pensar em Deus como um pastor que cumpre esse papel nos dá a sensação de que nosso ente querido continua a ser cuidado em sua jornada pela vida após a morte. Também nos dá a sensação de que continuamos a ser cuidados na ausência de nosso ente querido.

A poderosa imagem de Deus como pastor é anterior ao Salmo 23, que se acredita ter sido composto há aproximadamente 3 mil anos e pode ser rastreado até a época da antiga Babilônia. No texto conhecido como Código de Hamurábi, que foi entalhado em um pilar de rocha negra – uma estela – que ficava no centro da cidade de Hamurábi 700 anos antes da época de Davi, as 282 regras de conduta dadas pelo rei da Mesopotâmia concluem com a antiga metáfora do pastor, afirmando: "Eu sou o pastor que traz bem-estar e prosperidade em abundância; minha regra é justa... para que o forte não oprima o fraco, e que até o órfão e a viúva sejam tratados com justiça". Claramente, a sensação de que somos vigiados e cuidados ocupa um lugar reverenciado na psique humana.

Uma surpresa de domingo

Em uma tarde de domingo, ouvi uma batida inesperada à minha porta. Foi particularmente inesperada porque minha casa na época ficava em uma área isolada do norte do Novo México, no fim de uma suja estrada de terra sem saída, a uma hora do armazém mais próximo e a quase 8 hectares do meu vizinho mais próximo. Quem poderia estar me visitando no meio do nada em uma tarde de domingo? O mistério foi rapidamente resolvido quando espiei pela porta parcialmente aberta.

Na minha varanda estavam duas mulheres vestidas de maneira conservadora segurando brochuras do Salão do Reino da congregação das Testemunhas de Jeová, localizado na cidade mais próxima, a 32 quilômetros de distância. Depois de alguns segundos de conversa fiada, elas chegaram ao motivo da sua visita.

"Não é nossa intenção incomodá-lo", disse uma das mulheres, "mas gostaríamos de saber se você estaria disposto a falar conosco hoje sobre a Bíblia?" Elas obviamente não tinham como saber que, como escritor de ciência e espiritualidade, uma de minhas grandes paixões era pesquisar as descobertas, bem como as traduções, de antigos textos bíblicos. Elas ficaram mais do que surpresas com a minha resposta entusiasmada quando um grande sorriso apareceu no meu rosto.

"Claro!", eu disse. "Pode apostar! Eu *adoraria* conversar com vocês sobre a Bíblia. Por favor, entrem. Sobre qual delas vocês gostariam de falar primeiro?"

Seus rostos ficaram brancos enquanto minhas palavras ecoavam na entrada.

"O que você quer dizer?", elas perguntaram. "Existe apenas uma Bíblia."

"Bem", eu disse, "é aqui que as coisas podem ficar realmente interessantes. Na verdade, existem muitas Bíblias e muitas traduções das muitas Bíblias disponíveis para os estudiosos hoje."

"Mesmo?" elas responderam. "Por que não sabemos sobre elas?"

A resposta delas preparou o terreno para a conversa que continuou pelas próximas três horas. O tema da conversa que tive naquele dia também prepara o terreno para a solução dos muito prolongados mistérios dos versículos mais queridos da Bíblia, incluindo o Salmo 23.

MUITAS BÍBLIAS, TRADUÇÕES DIFERENTES

A conversa que tive com as senhoras mencionadas anteriormente começou comigo compartilhando uma amostra das Bíblias e traduções que estão disponíveis aos estudiosos atualmente. A lista parcial a seguir nos dá uma noção de quantas versões, no idioma inglês, existem hoje.

King James Version [Versão do King James] (1611, atualizada em 1769).

American Standard Version [Versão Padrão Norte-Americana] (1901).

Thompson Chain Reference Bible [Bíblia de Referência de Thompson Chain](1908).

A New Translation of the Bible [Uma Nova Tradução da Bíblia] (1928).

The Bible: An American Translation [A Bíblia: Uma Tradução Norte-Americana] (1935).

Knox Bible [Bíblia Knox] (1949).

Revised Standard Version [Versão Padrão Revisada] (1952).

The Berkeley Version in Modern English (A Versão de Berkeley em Inglês Moderno (1959).

Dake Annotated Reference Bible [A Bíblia de Estudo Dake (– om Anotações, Esboços e Referências] (1963).

The Jerusalem Bible [A Bíblia de Jerusalém] (1966).

New American Bible [Nova Bíblia Norte-Americana] (1970).

New English Bible [Nova Bíblia Inglesa] (1970).

New American Standard Bible [Nova Bíblia Padrão Norte-Americana] (1971).

New King James Version [Nova Versão King James] (1982).

Revised English Bible [Bíblia Inglesa Revisada] (1989).

New Revised Standard Version [Nova Versão Padrão Revisada] (1990).

21st Century King James Version [Versão King James do Século XXI] (1994).

Contemporary English Version [Versão Inglesa Contemporânea] (1995).

New Living Translation [Nova Tradução Viva] (1996, revisada em 2004).

New English Translation [Nova Tradução Inglesa] (2005).

Com tantas traduções e interpretações do texto mais sagrado da tradição cristã, a pergunta óbvia é: "Qual é a melhor?". Qual versão reflete com mais precisão as palavras originais e a intenção dos vários autores, incluindo o Salmo 23? A resposta a essas perguntas baseia-se na preferência do leitor e na maneira como o texto deve ser usado. Para o propósito dos Códigos de Sabedoria, minhas versões preferidas da Bíblia Cristã são a New King James Version (KJV) ou Nova Versão King James, de 1982, e a New International Version (NIV) ou Nova Versão Internacional, de 1978. A versão NIV dos textos bíblicos baseia-se na tecnologia do século XX para reconstruir textos bíblicos antigos em aramaico, hebraico e grego, que incluem o texto hebraico massorético, os Manuscritos do Mar Morto, o Pentateuco samaritano, a Vulgata latina, a Peshitta siríaca, o Targum aramaico e a Juxta Hebraica de Jerônimo para os Salmos.

LANÇANDO UMA NOVA LUZ SOBRE O SALMO 23

Reconhecer que há numerosas traduções para as mesmas ideias é importante para a compreensão do Salmo 23 por causa das nuanças que são reveladas nos textos. Por exemplo, a versão comum do King James começa no versículo 1 com as palavras "O Senhor é meu pastor; nada me falta.". Uma interpretação comum dessa declaração é fazer sua leitura como um comando. Quando lemos que "nada me falta", temos a sensação de que é *porque* estamos nas mãos competentes de nosso pastor que não devemos querer nada – "nada me falta".

Em outras palavras, fazer isso seria desconsiderar a magnitude e a capacidade de nosso pastor, o Senhor.

No entanto, a tradução da NIV, baseada nas traduções mais precisas dos textos originais, nos oferece uma nuança poderosa, não encontrada na tradução comum. Essa tradução mais recente diz: "O Senhor é meu pastor, não tenho carência de nada.".

Essa tradução parece algo mais do que um comando a ser seguido. Revela a declaração de uma possibilidade em relação ao nosso estado atual de existência. Por causa do papel desempenhado pelo Senhor como nosso pastor, e do seu cumprimento desse papel, nosso estado atual de ser é sem carências – temos alguém cuidando de nós, que nos fornece as coisas básicas da vida de que precisamos.

Essa interpretação também é apoiada na lista detalhada de como nossas necessidades são atendidas. Nosso pastor fornece alimento ao nosso mundo no versículo 2 (em verdes prados me faz descansar, e para águas tranquilas me guia em paz), restauração e orientação no versículo 3, proteção no versículo 4, força para enfrentarmos os desafios da vida no versículo 5, e amor e vida eternos no versículo 6. Com essas interpretações em mente, fica claro por que o Salmo 23 é um hino de força, bem como de conforto.

COMO USAR O CÓDIGO DE SABEDORIA 14

A seguir, está o texto completo do Salmo 23, conforme traduzido na *New International Version* (Nova Versão Internacional) da Bíblia. Recite esse código silenciosamente em conjuntos de três repetições, silenciosamente ou em voz alta, até sentir que a mudança de sua força interior substitui a dúvida sobre sua capacidade de transformar suas escolhas e sua vida.

- *O Senhor é o meu pastor; de nada terei falta.*
- *Em verdes pastagens me faz repousar e me conduz a águas tranquilas;*
- *restaura-me o vigor. Guia-me nas veredas da justiça por amor do seu nome.*
- *Mesmo quando eu andar por um vale de trevas e morte, não temerei perigo algum, pois tu estás comigo; a tua vara e o teu cajado me protegem.*
- *Preparas um banquete para mim à vista dos meus inimigos. Tu me honras, ungindo a minha cabeça com óleo e fazendo transbordar o meu cálice.*
- *Sei que a bondade e a fidelidade me acompanharão todos os dias da minha vida, e voltarei à casa do Senhor enquanto eu viver.*

Notas

PARTE CINCO

amor

Esforce-se para tornar o seu amor maior do que a sua necessidade e deixe o amor ser a força mais poderosa em sua vida. Então, nada pode superar você

— Kate McGahan,
conselheira de albergue e assistente social

Aexperiência humana do amor foi descrita de muitas maneiras e em muitos lugares ao longo da história. No entanto, é normalmente descrita como a perda do amor romântico, o anseio por recapturar um amor romântico que foi perdido ou uma busca pela redenção que o amor torna possível. No entanto, embora descrições de tais experiências sejam abundantes, a perspectiva que reconhece o amor como uma força primordial que pode preservar ou destruir nossas vidas é menos frequente. Ao longo de toda a minha vida adulta, eu me vi voltando repetidas vezes às palavras preservadas no Evangelho de Tomé para me lembrar do poder do amor como uma força que já possuo. Por essa razão, em vez de diluir esta seção com códigos de sabedoria adicionais que se aproximam desse potencial, optei por explorar o poder do amor como uma oferenda única e poderosa que foi pronunciada há mais de 2 mil anos. Ainda estou à procura de encontrar um código de sabedoria adicional que corresponda com precisão à eloquência, simplicidade e retidão dessas poucas palavras poderosas.

A ESCOLHA DO AMOR

Quer estejamos lidando com uma tragédia compartilhada de eventos mundiais, como o 11 de Setembro de 2001 nos Estados Unidos, ou com a tragédia pessoal da perda, o papel que o amor desempenha em nossas vidas, conforme permitimos que ele o faça, é uma escolha pela qual optaremos em algum momento. Embora a dor emocional e o trauma que resultam de nossas perdas sejam universais, a maneira como tratamos nossa dor não o é.

Se permitimos que a dor do nosso trauma permaneça por muito tempo sem solução, essa dor pode nos destruir. Pode destruir nossa saúde, nossos relacionamentos e, de muitas maneiras, nossa vida. Se, por outro lado, podemos encontrar a força para amar na presença de nossas feridas mais profundas, podemos dar um novo significado às experiências mais dolorosas da vida. Ao fazer isso, nos tornamos versões melhores de nós mesmos. Estamos mais curados, mais presentes para nossas famílias e membros mais fortes de nossas comunidades. É tudo sobre a escolha que fazemos de amar na presença de nossa dor.

O PREÇO DO AMOR

O poder do amor para curar, para nos libertar do fardo do ódio e para nos catapultar para além do nosso sofrimento é um tema que foi reconhecido, analisado e compartilhado pelos instruídos mestres do passado. O poeta sufi do século XIII, Jalāl ad-Dīn ar-Rūmī, conhecido simplesmente como Rumi, resumiu lindamente nossa relação com essa força universal:

> *Sua tarefa não é buscar o amor,*
>
> *mas apenas buscar e encontrar*
>
> *todas as barreiras dentro de você*
>
> *que você construiu contra ele.*

Nessas palavras eloquentes, porém simples, Rumi nos lembra de que já temos amor, e o poder do amor, dentro de nós. Em vez de ser algo que precisamos procurar, localizar e, em seguida, nos esforçar para assimilá-lo à nossa existência, o amor já está dentro de nós – nascemos com amor. Nosso trabalho é descobrir tudo sobre nós mesmos que *não* seja o amor – as barreiras do relacionamento, bloqueios emocionais e obstruções psicológicas que nos impedem de ter acesso a nosso amor. Quando dissolvemos essas barreiras, o amor é tudo o que resta.

Quanto mais permitimos que o amor cure as feridas em nossas vidas, mais descobrimos como é profunda nossa capacidade de amar a nós mesmos, assim como às outras pessoas.

Onze séculos antes da época de Rumi, o poder do amor foi descrito por outro autor em expressões convincentes e inconfundíveis, usando palavras que são tão significativas hoje quanto eram na época em que foram escritas. Entre os antigos textos gnósticos que foram descobertos com a Biblioteca de Nag Hammadi, há passagens sugerindo que nossa vulnerabilidade ao sofrimento é a porta mística para a cura e a vida. No Evangelho de Tomé, por exemplo, o autor descreve o poder do amor como parte de um discurso do mestre Jesus: "Bem-aventurado o homem que sofreu e encontrou a vida".

Em outra parte do mesmo ensinamento, Jesus declara: "O que você tem o salvará se você extraí-lo de si mesmo". Nesta declaração única, concisa e poderosa, somos lembrados de que nosso amor é a fonte de toda cura que podemos experimentar. A chave, no entanto, é esta: *para sentir o nosso amor, devemos estar vulneráveis à nossa dor.* É graças à profundidade de nossa dor que descobrimos quão profundamente podemos sentir. E à medida que nos permitimos sentir, em vez de tentar mascarar ou negar nossos sentimentos, descobrimos nossa capacidade de amar.

Simplificando, a mágoa é o preço que às vezes pagamos para descobrir que já temos o amor de que precisamos para nos curar. Às vezes, apenas conhecer a relação entre sabedoria, mágoa e amor é suficiente para nos catapultar da dor em uma extremidade de nosso espectro emocional para a cura que nos aguarda na outra extremidade do espectro.

AMOR COMO PERDÃO

Quase universalmente, o poder do perdão foi reconhecido ao longo do tempo e em todas as culturas e continentes. O escritor norte-americano Ernest Holmes descreveu esse poder em belas palavras quando disse: "Por meio do poder do amor, podemos abandonar a história passada e começar de novo". Aqui somos lembrados de que nas profundezas do nosso amor, e no perdão que nosso amor torna possível, encontra-se a chave para superar o fardo emocional e as atrocidades do passado. Isso é verdadeiro para indivíduos e famílias. Também é válido para sociedades e nações inteiras. A razão disso se deve ao fato de aquilo que aconteceu no passado faz parte da nossa história atual. E, a não ser que descubramos uma maneira de voltar no tempo para corrigir os erros e desfazer os horrores do passado, nossa história pessoal e coletiva permanecerá uma parte inalterável de nossa memória.

Só para ficar claro, para o propósito desta discussão, o ato do perdão está sendo tratado como um ato pessoal que se destina à cura pessoal. Como foi belamente descrito por Andrea Brandt, Ph.D., o perdão não desculpa o que outra pessoa fez; não significa que você precisa dizer a outra pessoa que ela está perdoada; não significa que você deva esquecer o que aconteceu ou não deva continuar a ter sentimentos fortes sobre uma violação de confiança ou um limite físico ou emocional. E talvez o mais importante, o perdão não é para a pessoa que você está perdoando. É para você. O perdão é um ato de amor que você realiza para si mesmo.

Brandt descreve o perdão com beleza, afirmando: "Ao perdoar, você está aceitando a realidade do que aconteceu e encontrando uma maneira de viver em um estado de resolução com isso".

Notas

Notas

código de sabedoria 15

Evangelho de Tomé

CÓDIGO DE SABEDORIA 15: Se você revelar o que está dentro de você, o que você revelar o salvará. Se você não revelar o que está dentro de você, o que você não revelar o destruirá.

USO: Um lembrete de que abrigamos uma força dentro de nós cuja expressão tem o poder de nos curar, mas cuja repressão tem o poder de nos destruir.

FONTE: O Evangelho de Tomé, descoberto em sua forma completa como parte da Biblioteca de Nag Hammadi no Egito em 1945.

O poder do perdão é mais do que um exercício acadêmico. É real. E é um poder que foi comprovado repetidas vezes no mundo real. A escolha por amar e o perdão que é possível a partir do amor é um fio condutor que abre caminho "costurando" através das vidas daqueles que sobreviveram e *transcenderam* as atrocidades da história. Dos atuais sobreviventes de horrores indescritíveis sofridos nos campos de extermínio nazistas entre 1933 e 1945 aos 1.763 dias de cativeiro do negociador de reféns Terry Waite nas mãos de extremistas do Hezbollah e a sobrevivência milagrosa de Alison Botha depois de ter sido deixada para morrer após o ataque brutal que é o assunto do documentário de 2016 simplesmente intitulado *Alison*, o perdão é a chave que empoderou essas pessoas, e outras, a seguir em frente com suas vidas após suportar horrores.

ALÉM DA TEORIA: O PERDÃO EM AÇÃO

Eva Mozes Kor, que morreu aos 85 anos, suportou atrocidades que foram cometidas sob o pretexto de experimentação médica no campo de concentração/trabalho forçado/morte de Auschwitz até ser libertada no fim da Segunda Guerra Mundial. Antes de sua morte em 2019, ela voltou a Auschwitz para acompanhar um grupo educacional. No entanto, o que tornou a visita de Eva tão excepcional foi o fato de que ela, além do grupo turístico, estava acompanhada por um dos médicos nazistas que realizaram os horríveis experimentos com ela. Em um serviço memorial para homenagear aqueles que morreram no acampamento, ela o perdoou pelo papel que desempenhou nas atrocidades, bem como pelo sofrimento que ela e a irmã gêmea sofreram como resultado do que ele fez.

Mais tarde, ela compartilhou sua experiência em uma entrevista publicada pelo popular jornal *Yedioth Ahronoth* de Tel Aviv: "Eu os perdoo por matarem meus pais, por me roubarem do restante de minha família, por tirarem minha infância, por transformar minha vida um inferno, por criarem pesadelos que me acompanharam todas as noites nos últimos sessenta anos. Em meu nome – e apenas em meu nome – eu os perdoo por todos esses atos horríveis". Kor descreveu como sua vida mudou na presença de seu perdão, declarando: "Ao fazer isso [o ato de perdoar], senti que um fardo de dor foi tirado de mim. Eu não estava mais nas garras da dor e do ódio". Sem deixar dúvidas sobre o poder de seu perdão e o papel que ele desempenhou em sua vida, ela esclareceu: "Eu finalmente estava livre".

Nesse exemplo pungente de crueldade aparentemente imperdoável, vemos o poder descrito no Evangelho de Tomé. Ao escolher trazer à tona o amor e o subsequente perdão dentro dela, Eva Kor transcendeu o sofrimento emocional e as consequências biológicas de doenças e enfermidades que normalmente acompanham a raiva prolongada e não resolvida. Ao fazer isso, ela viveu até uma idade considerada avançada até mesmo para os padrões de hoje – 85 anos – onde a expectativa de vida para uma mulher nos Estados Unidos é, em média, de 80 anos. Se Eva tivesse escolhido agarrar-se à sua raiva e insistir nos horrores de sua experiência, a ciência da epigenética mostra que, com toda probabilidade, a consequência de tal escolha a teria levado a comprometer seu sistema imunológico, seu sistema cardiovascular, e os mecanismos de DNA e integridade celular de seu corpo. Em outras palavras, há uma probabilidade maior de que seu fracasso em trazer à tona o que estava dentro dela – o amor e o poder do amor para perdoar – a teria destruído.

AMOR DISTORCIDO

A beleza do poder do amor é que ele não se limita a um grupo seleto de pessoas que têm uma habilidade rara ou conhecimento de um princípio esotérico que os afasta de sua família, amigos e vizinhos. A capacidade de amar é universal. A força que possuímos para dar e receber amor é uma capacidade primordial que vive dentro de cada um de nós. Para alguns, o conhecimento de nossa capacidade está perto da superfície, e fomos abençoados por reconhecê-lo cedo na vida e amamos de boa vontade e facilmente. O amor é a pedra angular da nossa existência. Mais comumente, porém, não é tão fácil abraçarmos nossa capacidade para amar. Ele está oculto, e somos nós que o escondemos.

Desde a nossa infância e por causa de nossas experiências na vida, muitas vezes sentimos – *percebemos* – que não é seguro revelar nosso amor no mundo. À luz dessa percepção, nós habilmente mascaramos essa capacidade primordial, escondendo-a de nossa família, de nossos amigos e daqueles mais próximos de nós. Sem o benefício desse código original, passamos pela vida com uma visão distorcida de nosso relacionamento com o mundo, com as outras pessoas e, em última análise, com nós mesmos. A diferença entre nossa capacidade primordial de amar e as percepções de amor que sustentamos hoje é a distorção que nos traz sofrimento, decepção e medo. À equação emocional para nossas distorções pode ser considerada como a seguinte fórmula:

(Capacidade Original para Amar) – (Percepção Atual do Amor) = Distorção Que Aparece como Sofrimento

Para algumas pessoas, a percepção atual de um acontecimento na vida – a mágoa, a perda ou a traição de nossos entes queridos – tornou-se tão dolorosa que a distorção é insuportável. Com habilidade e maestria, esses indivíduos poderosos criam padrões de comportamento que lhes permitem passar pela vida com menos dor e sobreviver a seus pensamentos distorcidos. A realidade, porém, é que o comportamento que os conduz muitas vezes substitui uma distorção dolorosa por outra. Reconhecemos esses padrões repetitivos de dor como vícios.

VÍCIO: AMOR DISTORCIDO

Para o propósito desta discussão, o vício pode ser definido como um padrão repetitivo de comportamento ao qual você dá prioridade e que reorganiza o restante de sua vida para a ele se acomodar. A palavra *vício* é com frequência associada ao abuso de substâncias químicas, drogas e álcool. E embora essas sejam certamente expressões comuns de padrões de comportamento que as pessoas reorganizam para a eles acomodar suas vidas, há outras que não são tão óbvias. Esses padrões, muitas vezes sutis, podem ser mascarados como padrões de estilo de vida socialmente aceitáveis e incluem vários aspectos, mas não estão limitados a eles, aspectos como relacionamentos íntimos, a busca crônica pelo poder, gastos desnecessários de dinheiro, a busca crônica por controle, o viver à beira da carência, a necessidade crônica de trabalhar para ganhar dinheiro, a obsessão crônica por sexo e doenças crônicas.

Cada um desses aspectos descreve um padrão para o qual as pessoas mudaram e transferiram as prioridades de suas vidas e abriram espaço para um determinado foco, sacrificando tempo com suas famílias e pessoas amadas. A joia que está presente no abismo do vício está no fato de que as consequências sofridas não acontecem da noite para o dia. Eles se desdobram gradualmente ao longo de um certo período de tempo. E, ao fazer isso, temos amplas oportunidades de reconhecer e de curar o pensamento subjacente ao vício. Ao personalizar o Código de Sabedoria 15, oferecemos a nós mesmos uma ferramenta poderosa para fazer exatamente isso.

NOSSO CÓDIGO DE SABEDORIA PESSOAL

Jesus revelou o Código de Sabedoria 15 a seus seguidores, bem como às gerações futuras, como a única chave mais efetiva e poderosa para curar nossas vidas e transcender nosso sofrimento. A boa notícia é que se trata de um poder que já temos. Não é algo que precisamos mergulhar no mundo para descobrir. Não está "lá fora" no mundo ao nosso redor nem é algo que precisamos construir. Já vive dentro de cada um de nós. É o amor.

Quando curamos as percepções distorcidas na raiz do nosso sofrimento, tudo o que resta é o nosso amor.

O Padrão Original Generalizado

Se você revelar o que está dentro de você, o que você revelar o salvará.

Se você não revelar o que está dentro de você, o que você não revelar o destruirá.

Também podemos considerar o antigo padrão que descreve o poder de nosso amor no Código de Sabedoria 15 e reformulá-lo na primeira pessoa. Ao fazer isso, criamos um mantra pessoal para nos lembrar do amor com o qual nascemos e de seu poder em nossas vidas. E por causa das pesquisas contemporâneas em neurociência, sabemos que a eficácia de um mantra vem da repetição do código para a mente subconsciente e de fazê-lo de maneira afirmativa. Por essa razão, não há necessidade de recitar as consequências de *não* trazer à tona o que está dentro de nós. Em vez disso, declaramos o benefício da seguinte maneira:

O Mantra Pessoal Declarado na Voz Afirmativa

Se eu revelar o que está dentro de mim, o que eu revelar me salvará.

180

Na presença dessa avaliação honesta do poder do amor, a chave está no fato de considerar o objeto de nosso perdão a partir da objetividade do coração, em vez da polaridade do cérebro.

COMO USAR O CÓDIGO DE SABEDORIA 15

O poder dos códigos de sabedoria vem de sua repetição, a qual é realizada com a voz afirmativa. Isso imprime um código na mente subconsciente. Quando criamos harmonia entre coração e cérebro, como descrevemos em "Como Usar os Códigos de Sabedoria" (consulte a página 21), abrimos uma "linha direta" de comunicação com a mente subconsciente.

A partir de um lugar de harmonia entre coração e cérebro, recite esse código linha por linha, silenciosamente em sua mente ou em voz alta, até sentir uma intensificação da sensação de confiança e de certeza de que você não está sozinho. A chave está em abraçar esse código tendo por foco o fato de que a percepção, a respiração e o sentimento estão concentrados no coração, e não na mente.

Se eu revelar o que está dentro de mim, o que eu revelar me salvará.

Notas

PARTE SEIS

os códigos de poder

As palavras são singularmente a força mais poderosa à disposição da humanidade.

— Yehuda Berg, rabino

código de poder 1

Eu quero

CÓDIGO DE PODER 1: Eu quero.

USO: Este código antigo afirma ao nosso corpo e declara ao universo que temos o poder de escolher um resultado.

FONTE: A Bíblia, Versão King James, livro de Mateus, capítulo 8, versículos 2-3.

A melhor ciência dos séculos XX e XXI sugere que somos muito mais do que simples observadores vivendo um breve momento em uma criação separada de nós. A partir de experimentos revolucionários com fótons gêmeos, que subverteram o paradigma universal da localidade, revelando o fenômeno do entrelaçamento (ou emaranhamento) quântico, em 1997, até a descoberta do campo universal de Higgs anunciado pelos cientistas do CERN, em 2012, a ciência moderna está se emparelhando com a sabedoria intuitiva de 5 mil anos de tradições indígenas e espirituais. Agora é um fato aceito que há um campo de energia subjacente que se coalesceu na primeira fração de segundo quando o universo começou. Os modelos de computador, as equações matemáticas e agora as recriações em laboratório em pequena escala desse evento primordial confirmam que tudo o que conhecemos e experimentamos em nosso mundo é feito de minúsculos pacotes de energia – os *quanta* – que emergem constantemente desse campo de energia que tudo permeia e são reabsorvidos para dentro dele. O campo é identificado por nomes que vão desde a Matriz, a Fonte Primordial e a Matriz Divina até simplesmente o Campo, entre outros. Talvez não seja coincidência o fato de que a descrição científica dessa energia é estreitamente paralela aos mesmos princípios descritos pelas tradições de sabedoria do passado.

Desde os antigos *Vedas* indianos, que alguns estudiosos acreditam que remontam a até 5000 a.C., aos Manuscritos do Mar Morto de 2 mil anos, um tema geral parece sugerir que o mundo é, na verdade, o espelho de coisas que estão acontecendo em um domínio que não podemos ver do ponto de observação que ocupamos no tempo e no espaço. No entanto, esse domínio é real e somos parte dele. Estamos interagindo com ele a cada momento de cada dia. Dessa perspectiva, nossos relacionamentos íntimos, amizades, estado de saúde, sucessos e fracassos são todos reflexos de relacionamentos em andamento que estão ocorrendo no reino invisível desse campo. Comentando sobre fragmentos dos Manuscritos do Mar Morto conhecidos como as Canções do Sacrifício do Sábado, estudiosos resumem o conteúdo, afirmando que eles implicam o seguinte: "O que acontece na terra é apenas um pálido reflexo dessa realidade maior e suprema".

SOMOS OBSERVADORES OU CRIADORES?

A natureza do Campo, e nossa relação com ele, é a fonte de um debate emocional e frequentemente acalorado entre mentes científicas, o que começou no século XIX e continua até hoje. Embora os argumentos técnicos para a controvérsia sejam complexos, o motivo do debate é simples. Se houver, de fato, um domínio invisível de existência que é a fonte de nossas experiências cotidianas, e se tivermos a capacidade de acessar esse domínio para mudar o que, em última análise, acontece em nossas vidas, ele muda tudo o que fomos levados a acreditar sobre nós mesmos e nosso mundo. E nessa mudança, temos o poder de participar do resultado das coisas que mais importam para nós na vida.

Em uma citação de suas notas autobiográficas, Albert Einstein compartilhou sua crença profundamente arraigada de que estamos separados do mundo cotidiano e vivemos como observadores passivos que exercem muito pouca influência sobre o mundo ao nosso redor. "Lá fora havia esse mundo enorme", disse ele, "que existe independentemente de nós, seres humanos, e que se apresenta diante de nós como um grande enigma eterno, pelo menos parcialmente acessível à nossa inspeção e pensamento."

Em contraste com a visão de Einstein, que ainda é amplamente defendida por muitos cientistas atuais, o professor John Wheeler, físico de Princeton e colega de Einstein, ofereceu uma perspectiva radicalmente diferente do nosso papel na criação. Em um linguajar ousado, claro e gráfico, Wheeler disse: "Tínhamos essa ideia antiga, a de que existe um universo *lá fora*, e aqui está o homem, o observador, protegido com segurança do universo por uma placa de vidro de 15 centímetros de espessura". Em outras palavras, ele estava reconhecendo a perspectiva que Einstein tinha de nós, separados do mundo ao nosso redor. No entanto, essa perspectiva mudou rapidamente, graças a uma série de experimentos destruidores de paradigmas, os quais demonstraram que não estamos tão separados do mundo como se acreditava. Essas revelações incluem o ainda controverso experimento da dupla fenda, que revela como os elétrons se transformam de ondas de energia em partículas apenas no ato de serem observados – apenas porque alguém está olhando para elas. Referindo-se a esse tipo de experimento, Wheeler continua: "Agora aprendemos com o mundo quântico que, mesmo para observar um objeto tão minúsculo como um elétron, temos de quebrar a placa de vidro; temos de chegar até lá... Portanto, a antiga palavra *observador* simplesmente precisa ser riscada dos livros e precisamos substituí-la pela nova palavra *participador*".

A CONSCIÊNCIA CRIA!

Que mudança! Em uma interpretação radicalmente diferente de nossa relação com nossos corpos e com o mundo ao nosso redor, Wheeler está afirmando que é impossível para nós simplesmente observar o mundo acontecer ao nosso redor. A partir de sua interpretação dos dados, ele está nos dizendo que somos agentes de mudança. Às vezes, de maneira consciente, e às vezes subconsciente, estamos constantemente participando do resultado das coisas que acontecem em nossas vidas e em nosso mundo.

Experimentos em física quântica mostram, de fato, que o ato de olharmos para algo tão minúsculo quanto um elétron – apenas focando nossa consciência sobre o que esse elétron está fazendo por um instante no tempo – muda suas propriedades durante o tempo em que o estamos olhando. Os experimentos sugerem que o próprio ato de observação é um ato de criação, e que a consciência está fazendo a criação. Essas descobertas parecem apoiar a declaração de Wheeler de que não podemos mais pensar em nós mesmos apenas como espectadores que não exercem efeito no mundo que estamos observando.

Quando olhamos para a expressão cotidiana de nossa abundância espiritual e material, nossos relacionamentos, carreiras e saúde física, nossos amores mais profundos e nossas maiores realizações, bem como nossos medos e a falta de todas essas coisas, podemos, de fato, estar olhando diretamente para o espelho de nossas crenças mais verdadeiras e, às vezes, mais inconscientes. Nós as vemos ao nosso redor porque elas se manifestam por meio de um Campo de energia que existe em todos os lugares, em todos os momentos, e conecta todas as coisas.

SOMOS OS ARTISTAS, E SOMOS A ARTE

Nós somos o Campo. Os átomos de nossos corpos físicos estão constantemente aparecendo e desaparecendo, emergindo e entrando em colapso, seguindo o projeto de nossa consciência para produzir os eus com os quais estamos familiarizados. Em outras palavras, somos como artistas expressando nossas paixões, medos e desejos mais profundos por meio da essência viva de uma misteriosa tela de pintor quântica. Mas, ao contrário da tela de um artista convencional, que existe em um só lugar num determinado momento, nossa tela compõe-se do mesmo material de que todo o restante é feito. Ele existe em todos os lugares. Está sempre presente.

E embora os artistas sejam tradicionalmente reconhecidos como separados de sua obra de arte, dentro do Campo a separação entre arte e artista desaparece. Nós *somos* a tela, assim como as imagens na tela. Nós *somos* as ferramentas, assim como os artistas que as usam. Assim como os artistas trabalham e refinam uma imagem até que ela esteja em perfeita conformidade com o que desejam suas mentes, parece que fazemos a mesma coisa com os relacionamentos em nossas vidas. Por meio de nossa paleta de crenças, julgamentos e emoções, experimentamos os relacionamentos que nos permitem aperfeiçoar nossa tela de vida. Assim como um artista usa a mesma tela repetidas vezes enquanto busca a expressão perfeita de uma ideia, podemos pensar a nosso próprio respeito como artistas perpétuos, construindo uma criação que está sempre mudando e nunca terminando.

As implicações do fato de estarmos cercados por um mundo maleável de nossa própria criação são enormes, poderosas e, para algumas pessoas, talvez um pouco assustadoras. Nossa capacidade para usar o Campo intencional e criativamente de súbito nos capacita a mudar tudo sobre a maneira como vemos o papel que desempenhamos no universo. No mínimo, sugere que há muito mais na vida do que acontecimentos casuais e sincronicidades ocasionais com que lidamos da melhor maneira possível.

Em última análise, nosso relacionamento com a essência quântica que nos conecta com tudo o mais nos lembra que nós mesmos somos criadores. Como criadores, podemos expressar nossos desejos mais profundos de cura, abundância, alegria e paz em tudo, desde nossos corpos e nossas vidas até nossos relacionamentos. E podemos fazer isso conscientemente no tempo e da maneira que escolhermos.

ONDULAÇÕES NO CAMPO

Com base em uma maneira quântica de ver o mundo, tudo o que vivenciamos pode ser concebido como "ondulações" que perturbam um Campo de energia que de outra forma seria harmonioso. Pode não ser coincidência o fato de que as antigas tradições espirituais e poéticas descrevem nossa existência da mesma maneira. As tradições védicas, por exemplo, descrevem um campo unificado de "consciência pura" que banha e permeia toda a criação. Nessas tradições, nossas experiências de pensamento, sentimento e emoção e o medo e o julgamento que eles criam são vistos como perturbações – interrupções em um campo que, de outra maneira, seria suave e imóvel.

De maneira semelhante, a obra *Hsin-Hsin Ming* (título que pode se traduzir como "Versos da Mente da Fé"), do século V, descreve as propriedades de uma essência que é o modelo para tudo na criação. É chamado de Tao e, assim como vemos nas escrituras védicas, está definitivamente além de qualquer descrição. O Tao é tudo o que existe. É o recipiente de toda experiência, bem como a própria experiência. O Tao é descrito como perfeito, "como um vasto espaço onde nada falta e nada está em excesso".

De acordo com o *Hsin-Hsin Ming*, é somente quando perturbamos a tranquilidade do Tao por meio de nossos julgamentos que sua harmonia se esquiva de nós. Quando o inevitável acontece e nos vemos envolvidos em sentimentos de raiva e separação, o texto oferece diretrizes para remediar essa condição.

Para entrar diretamente em harmonia com essa realidade, diga simplesmente, quando surgir a dúvida: "Não dois". Neste "não dois" nada é separado, nada é excluído.

Admito que, embora pensar em nós mesmos como uma perturbação no Campo possa tirar um pouco do romance da vida, também nos dá uma maneira poderosa de pensar sobre nosso mundo e sobre nós mesmos. Se quisermos criar relacionamentos novos, saudáveis e de afirmadores da vida, introduzir um romance curativo em nossas vidas ou trazer uma solução pacífica para os problemas do mundo, por exemplo, devemos criar uma nova perturbação no Campo, que espelhe nosso desejo. Devemos criar uma nova ondulação no material de que o espaço, o tempo, nossos corpos e o mundo são feitos.

O USO E O PODER DA *VONTADE*

Comumente, usamos a palavra *quero* quando declaramos nossa intenção no momento de fazer ou dizer algo no futuro. "*Quero* levar o lixo para fora de manhã" ou "*Quero* pegar um pão no caminho do trabalho para casa" são exemplos desse uso da palavra. Nessas declarações, o uso da palavra *quero* indica que, embora planejemos fazer algo, esse algo não está acontecendo no momento presente. Estamos afirmando que isso vai acontecer em algum momento no futuro que pode variar do próximo minuto a horas, dias ou até mais a partir do momento presente. Pretendemos que isso aconteça. E podemos ser absolutamente sinceros em nossa intenção. No entanto, afirmar que faremos algo em outro momento abre a porta para a procrastinação e circunstâncias extenuantes que impedem que nossa ação pretendida aconteça.

Nas tradições bíblicas, vemos outra maneira de considerar o *quero* e o uso da palavra *quero* em nossas vidas. Observe que estou me referindo aqui aos textos bíblicos como registros históricos de sabedoria, e não como textos religiosos de doutrina. O livro de Mateus do Novo Testamento, por exemplo, registra uma troca pública feita entre o instruído mestre Jesus de Nazaré e um homem enfermo que se aproximou dele pedindo cura. No capítulo 8, versículos 2 e 3, o Evangelho descreve o uso do Código de Poder 1 por Jesus – a frase *eu quero* – seguida pela declaração de seu resultado pretendido. O relato começa quando o homem se aproxima de Jesus e diz:

Senhor, se é da tua vontade podes purificar-me!.

Essa frase define o cenário para que dois eventos ocorram:

- Ela cria as condições necessárias para facilitar a cura.
- O homem se cura.

Ao pedir ajuda, o homem aproveita a oportunidade para receber sua cura pessoal. Em outras palavras, ele está querendo aceitar a mudança possível e está declarando sua aceitação ao universo.

O relato descreve a ação física de Jesus e as palavras que a acompanham:

Então, Jesus, estendendo a mão, tocou-lhe, dizendo: "Eu quero. Sê limpo!". E no mesmo instante ele ficou purificado da lepra.

Nesse relato histórico, vemos um uso muito diferente do conceito de vontade pessoal ou de força de vontade. Aqui vemos o uso da vontade para alterar uma expressão do Campo. Para ser absolutamente claro, isso é muito diferente do ato de intenção. Jesus não afirmou que *pretendia* facilitar a cura do homem doente em algum outro momento, como estaria implícito no uso tradicional da palavra *quero*, como uma afirmação no tempo verbal futuro, "Eu *quero* curar você". Aqui, a palavra *quero* está sendo usada para declarar a existência de um resultado que já está presente. *Eu quero* é a declaração.

Sê limpo é o resultado.

Por meio do uso da palavra *quero*, Jesus reconhece estas coisas:

- A existência do Campo que a ciência moderna agora confirma que é o recipiente de todas as coisas que acontecem em nosso mundo.
- Seu relacionamento presente e ativo com o Campo.
- O papel de sua consciência na modificação do Campo por meio de um ato de vontade.

Assim como fazemos em uma afirmação direta que começa com o resultado, Jesus declara o resultado – *ele reconhece sua relação com o Campo*. Ao fazer essa declaração, a afirmação que ele faz seguindo as palavras *eu quero* se torna real, verdadeira e manifesta.

Notas

código de poder 2

Eu sou

CÓDIGO DE PODER 2: Eu sou.

USO: Este código antigo afirma a verdade do momento.

FONTE: A Bíblia, livro do Êxodo, capítulo 3, versículo 14.

O segundo código de poder descrito nos textos bíblicos começa com a experiência de Moisés no Monte Sinai. Tal como acontece com o uso de Jesus das palavras *eu quero*, descrito anteriormente, o Código de Poder 2 também é expresso na eloquente simplicidade de duas palavras – as palavras *eu sou*. O mistério do significado dessas duas palavras tem sido objeto de controvérsia por mais de dois milênios e permanece até hoje.

Tanto a antiga tradição hebraica como a tradição cristã registram dois exemplos em que se diz que Deus revelou seu nome pessoal ao povo da terra. Ambos os relatos foram preservados no livro do Êxodo. E embora o Sagrado Alcorão também descreva o tema geral desses relatos antigos, incluindo o ato de Moisés recebendo as leis de Deus no Monte Sinai, o nome real de Deus não parece ser revelado externamente nos textos islâmicos.

No terceiro capítulo do Êxodo, Deus revela que ele é o mesmo Deus a que os ancestrais de Moisés se referiram no passado: o deus de Abraão, o deus de Isaque e o deus de Jacó, bem como o deus de Amram, o pai de Moisés. Por meio de uma comunicação rara e direta com Deus, Moisés pede maior clareza sobre com quem exatamente está falando no Monte Sinai, para que possa responder às perguntas que certamente surgirão quando seus seguidores lhe perguntarem sobre seu encontro.

"Quando eu for aos filhos de Israel e comunicar: "O Deus de vossos pais me enviou até vós" e me questionarem: "Qual é o seu Nome?" que deverei dizer?

E é aqui que o mistério da resposta de Deus começa, e o segredo desse código de poder é revelado.

Começando em Êxodo 3:14, Deus inicialmente responde a Moisés usando três palavras hebraicas: *Ehyeh Asher Ehyeh*. Essas palavras são comumente traduzidas do inglês para o português como "Eu Sou o que

Sou." A fonte do mistério, e da controvérsia, que já dura mais de 3.200 anos, está na tradução dessa simples frase.

PERDIDO NA TRADUÇÃO?

Embora uma escola de estudiosos tenha tradicionalmente interpretado a parte inicial da conversa de Moisés como o momento em que Deus revelou seu nome, um exame mais detalhado do idioma hebraico oferece uma compreensão mais profunda dessa frase misteriosa.

Como descobrimos no capítulo sobre o Código de Sabedoria 2, o nome pessoal de Deus é substituído mais de 6.800 vezes na Bíblia Hebraica por nomes substitutos. A chave aqui é que, embora essas palavras substitutas representem as várias qualidades da presença de Deus, elas *não* são o seu nome. O nome pessoal que Deus revelou a Moisés em sua frase seguinte está registrado em Êxodo 3:15:

> *"Assim dirás aos filhos de Israel: 'Yahweh, o Deus de vossos antepassados, o Deus de Abraão, o Deus de Isaque e o Deus de Jacó me enviou até vós..."*

E embora os estudiosos normalmente interrompam aqui essa identificação, o que se segue não deixa dúvidas quanto ao que Deus está revelando a Moisés. Deus conclui sua frase dizendo:

> *Esse, pois, é o meu Nome eternamente, e assim serei lembrado de geração em geração.*

O nome ao qual Deus está se referindo aqui é o nome codificado subjacente às palavras *o Senhor*. Nos textos hebraicos originais, o nome que foi substituído é o nome direto e pessoal de Deus representado como quatro letras hebraicas misteriosas – *yod, hey, vav* e *hey*. Essas letras são conhecidas como *tetragrammaton* (que significa palavra de quatro letras) e, quando traduzidas, tornam-se *Yahweh* (pronuncia-se "yah way"). Esse é o nome que é tão santo, tão sagrado, e tornado tão indizível pelos seguidores ortodoxos da fé judaica que é substituído em toda a Bíblia hebraica.

Então, vemos a partir dessas nuanças sutis, mas críticas de tradução que *Ehyeh Asher Ehyeh* não é, na verdade, o nome pessoal de Deus. No entanto, ele revela uma compreensão poderosa sobre a existência de Deus em todas as coisas. Por causa da natureza da língua hebraica, essa frase pode ser traduzida de várias maneiras, como "Eu sou *quem* sou", "Eu sou *o que* sou" e "Eu sou *aquele que* sou", bem como "Eu s*erei* o que *serei*." Os estudiosos geralmente concordam que a tradução mais preferida é a última: "Eu serei o que serei".

Com essa tradução em mente, descobrimos que o código de poder "Eu Sou" é na verdade uma forma oculta do código de poder "Eu quero" descrito anteriormente. Como "Eu sou quem eu sou" é também "Eu serei o que serei", vemos o poder da palavra *vontade* oculta em *Eu Sou*. Ao declarar "Eu Sou", Deus está esclarecendo a natureza de seu relacionamento imediato e contínuo com o Campo.

Código	Significado
Eu Sou	*Afirmo no Campo Universal que a ação que se segue a esta declaração já se encontra manifesta em um estado de existência.*
o que	*O estado de existência está presente e é sustentado.*
Sou	*Afirmo no Campo Universal que a ação que se segue a esta declaração já se encontra manifesta em um estado de existência.*

Por meio das palavras *Eu Sou o que Sou*, Moisés está recebendo a chave do relacionamento de Deus com o Campo e de como exercer o mesmo poder para alterar o que existe no Campo. Ele também recebe o poder de acessar esse código em sua própria vida.

O uso desses códigos por Jesus e a revelação de seu uso aos seus seguidores torna esses códigos disponíveis a nós atualmente. Pronunciando as palavras *Eu Sou* a partir de um estado intencional de coerência entre coração e cérebro, recebemos a linguagem codificada dessa porta [a chave que a abre] para mudar. Deus revelou isso. Jesus demonstrou isso. E hoje, somos desafiados a usar esse código poderoso para transcender as crenças limitadoras que nos impedem de vivenciar as verdades mais profundas de nossa existência.

CHAVES PARA USAR COM SUCESSO OS CÓDIGOS DE PODER

A chave para o uso bem-sucedido do *Eu quero* e do *Eu sou* é fazer estas duas coisas:

1. Seja muito claro sobre aquilo que você deseja que exista.

2. Esteja livre de julgamento e apego com relação ao resultado.

Quando consideramos o que a ciência moderna confirmou sobre a natureza do Campo e nossa relação com ele, essas duas diretrizes fazem todo o sentido. O Campo Universal não julga a adequação do que lhe damos para refletir. Ele não sabe sobre a bondade ou a maldade, o que é certo ou errado com que o alimentamos. É simplesmente um espelho. E assim como o espelho do banheiro reflete honestamente nossa aparência quando nos arriscamos a lançar sobre ele uma primeira olhada pela manhã, o Campo reflete honestamente as opiniões e crenças que sustentamos por meio de nossos relacionamentos, qualidade de saúde e sucesso no mundo.

Mais uma vez, uma referência extraída do ensinamento histórico de Jesus preservado no perdido Evangelho de Tomé descreve essa relação e a chave para o nosso sucesso em usar o espelho quântico em nossas vidas. "Quando vocês fizerem de dois um", diz ele, "vocês se tornarão os filhos do homem, e quando vocês disserem: 'Montanha, afaste-se', ela se afastará". Nessa declaração, o mestre está nos lembrando da natureza literal do Campo.

Para otimizar nosso sucesso quando se trata de alterar os relacionamentos, a saúde, a abundância e o sucesso que o Campo está refletindo para nós, precisamos ser claros quanto ao resultado desejado, enquanto, ao mesmo tempo, permanecemos livres de nosso apego a esse resultado. Embora, à primeira vista, isso possa soar como uma contradição, quando derrubamos as afirmações, fica clara a razão pela qual [devemos] tanto especificar nosso desejo como nos separar dele.

Quando temos apego a um determinado resultado, só podemos ter esse apego comparando nossa experiência com outra coisa. E é por meio da comparação que caímos na antiga armadilha do julgamento. Tendemos a considerar nossa experiência à luz do que outra pessoa realizou e a julgar nosso sucesso ou fracasso fazendo a comparação.

A pergunta que precisamos fazer a nós mesmos é esta: "Quem ou o que devemos usar como nosso ponto de referência?". E se a resposta for qualquer outra coisa que não seja nossa própria experiência direta, então recebemos um esclarecimento da fonte de nosso julgamento. Na ausência de comparar nossa realização de qualquer coisa na vida com a de outra pessoa ou evento – quando fazemos de dois um – tudo o que resta é o próprio esforço. E se realmente fizemos o melhor de que somos capazes no momento, então só podemos ter sucesso. Este é o poder das palavras de Jesus em relação a fazer "de dois um".

COMO USAR OS CÓDIGOS DE PODER

Ser específico e conciso são as chaves para qualquer conversa bem-sucedida com o Campo Universal de energia que conecta todas as coisas. Quando você estiver pronto para aplicar o Código de Poder 1, "*Eu quero*", ou o Código de Poder 2, "*Eu sou*", para manifestar o que você deseja, use as seguintes orientações para otimizar sua experiência.

Usando os passos descritos em "Como Usar os Códigos de Sabedoria" (consulte a página 21), criamos coerência entre nosso coração e nosso cérebro. A chave está em fazer isso tendo por foco o fato de que a percepção, a respiração e o sentimento estão concentrados no coração, e não na mente.

Então, a partir de dentro do local de não apego objetivo criado pela harmonia entre coração e cérebro, de modo claro e conciso, silenciosamente ou em voz alta, diga "Eu quero" ou "Eu sou", seguido por uma declaração breve e concisa do resultado que você deseja obter.

- Eu quero _____
- Eu sou _____

Depois, empenhando o melhor de sua capacidade, *sinta* a sensação do resultado que você está declarando, usando tantos sentidos quanto possível: sinta a gratidão e a alegria do resultado se manifestar, ouça o som de sua própria voz na presença de seu resultado se manifestar, veja o resultado claramente com o olho de sua mente, e assim por diante.

Encerre o código *Eu quero/Eu sou* com gratidão, pronunciando silenciosamente ou em voz alta a palavra *Obrigado* diretamente para o Campo, em vez de dizer "Eu agradeço", o que o afastaria em um passo da gratidão que você está expressando.

Notas

PARTE SETE

as parábolas

*Os seres humanos não estão idealmente
preparados para entender a lógica;
eles estão idealmente preparados para entender histórias.*

— Roger C. Schank, cientista cognitivo

O objetivo dos códigos de sabedoria neste livro é oferecer uma coleção de palavras específicas que foram refinadas e padronizadas em orações, mantras e cantos ao longo de todas as eras para nos ajudar a sentir de maneira diferente nossa vida e nosso mundo. Além das palavras e frases curtas comumente usadas no passado, mestres instruídos e grandes professores também usaram histórias simples, conhecidas como *parábolas*, de maneira semelhante. Embora a extensão do parágrafo de uma parábola possa dificultar seu uso como cântico ou oração, a mensagem transmitida pela parábola, no entanto, tem o poder de mudar nossa percepção da vida e do mundo. Ao fazer isso, somos transformados na presença da parábola. Por esse motivo, incluí duas parábolas para esta coleção de códigos de sabedoria. Espero que você as aprecie em sua vida tanto quanto eu as apreciei na minha.

O PODER DA PARÁBOLA

Somos uma espécie que ama contar e ouvir histórias. Contamos histórias para nós mesmos por uma simples razão – porque as histórias funcionam. O romancista Scott Turow resumiu muito bem esse fato quando perguntou: "Quem somos nós [...] a não ser as histórias que contamos sobre nós mesmos, particularmente se as aceitamos?". Nossas histórias nos ajudam a dar sentido ao mundo e ao que vemos acontecendo nele. Também nos ajudam a aprender lições de vida importantes e a curar feridas da vida. Por meio de nossas histórias, também preservamos o que aprendemos sob uma forma que pode ser facilmente transmitida aos nossos filhos e às gerações futuras.

Compartilhamos e registramos nossas histórias desde o momento em que os primeiros membros de nossa espécie começaram a se comunicar uns com os outros. Os aborígenes australianos, por exemplo, ostentam uma das mais longas tradições contínuas de cultura do mundo.

As análises científicas confirmam que algumas de suas pinturas rupestres remontam a 28 mil anos antes do presente. Acredita-se que algumas cavernas que foram lacradas hermeticamente contenham pinturas ainda mais antigas; estima-se agora que elas remontam a 32 mil anos atrás! Desses exemplos antigos até as histórias modernas da ciência que oferecem explicações mais recentes para as origens humanas, explicamos o cosmos e o lugar que ocupamos nele por meio de histórias, metáforas e parábolas. E embora todos nós gostemos de relaxar para desfrutar uma boa história por meio de um livro ou filme, a razão de sermos tão atraídos para isso parece vir de algo mais do que um desejo de nos entretermos.

Novas descobertas na psicologia e nas ciências cognitivas sugerem que a "fiação" de nosso cérebro está literalmente conectada para histórias e narração de histórias como maneiras de nos lembrarmos de informações vitais. Reconhecemos essa conexão de maneira intuitiva, pois normalmente é mais fácil, por exemplo, lembrar a história das relações entre as fases da lua e a fertilidade – algo associado à sobrevivência – do que lembrar fatos, números e estatísticas isolados. O cientista cognitivo Roger Schank nos mostra a razão subjacente a essa verdade simples, afirmando: "Os seres humanos não estão idealmente preparados para entender a lógica; eles estão idealmente preparados para entender histórias". Parece que nossos neurônios são geneticamente predispostos a "conectar e disparar" em resposta às relações descritas nas histórias, em vez de dados e fatos isolados.

Como Jonathan Gottschall descreve em seu livro *The Storytelling Animal*, o ato de compartilhar a mesma história repetidamente "refina os caminhos neuroniais que levam a uma navegação habilidosa dos problemas da vida". Em outras palavras, é o ato de compartilhar uma ideia por meio da descrição repetida de uma experiência relatável que mantém uma ideia viva e significativa em nossa comunidade, seja ela uma ideia de ética, moralidade ou cosmologia ou de habilidades simples da vida. A chave aqui representada é que a história ilustra uma situação de vida de uma maneira que nos ajuda a aprender com a experiência de outra pessoa, a nos curar de uma experiência ou a evitar as consequências de uma situação difícil.

O EVANGELHO DE TOMÉ

Talvez o mais conhecido dos manuscritos descobertos em Nag Hammadi, descrito anteriormente, no Código de Sabedoria 15, seja o Evangelho de Tomé. Também conhecido como Evangelho Copta de Tomé e pelo nome oficial Codex II, a versão da Biblioteca de Nag Hammadi do Evangelho de Tomé é o único registro completo desse manuscrito controverso. Ele começa com uma declaração quanto à origem dos 114 ensinamentos e parábolas que contém, declarando: "Estas são as palavras ocultas que Jesus vivo falou e Dídimo Judas Tomé anotou".

Embora os estudiosos modernos ainda não tenham concordado que Dídimo Judas Tomé – o apóstolo bíblico Tomé – seja realmente o autor do documento, as palavras do manuscrito falam por si mesmas. Por meio do seu uso magistral das parábolas que contém, essa escritura nos proporciona uma percepção poderosa da condição humana. Ele retrata os tipos de experiências que ainda são reconhecíveis em nossas vidas atualmente.

Parábola 1

A Mulher e o Jarro

PARÁBOLA 1: A parábola da mulher e o jarro.

USO: Esta chave nos lembra de que nossa capacidade para amar outra pessoa está diretamente ligada à nossa capacidade para amar a nós mesmos.

FONTE: O Evangelho de Tomé, descoberto em sua forma completa como parte da Biblioteca Nag Hammadi do Egito, em 1945.

Durante a infância, aprendemos a nos comprometer com a necessidade de sobrevivência diante dos desafios da vida. Às vezes, um compromisso pode ser tão simples quanto uma jovem se conformar com o desejo do seu pai e dos irmãos de assistir a um filme de guerra, em vez da história de amor que ela teria escolhido porque é superada em número por homens na casa. Um padrão constante de sentimento desprezado em uma família de origem muitas vezes se traduz mais tarde na vida em sentir-se desconhecido no local de trabalho ou em amizades e relacionamentos.

Às vezes, comprometemos algo muito mais profundo, como quando do "cedemos" e concordamos em fazer algo que nossos instintos mais profundos dizem que não é certo para nós. Cada vez que cedemos à pressão ou à tentação, perdemos algo dentro de nós – nosso senso de valor e autoestima, e nossa confiança na segurança de compartilhar nossas opiniões e sentimentos. E, embora nossas perdas possam acontecer de maneira socialmente aceitável, elas, não obstante, são dolorosas.

Por exemplo, forçar os filhos a assumir papéis de adultos e a perder sua infância depois de uma separação familiar; a perda da identidade racial por meio da assimilação, quando as culturas são forçadas a conviver; e a sobrevivência a traumas de infância por meio da repressão de emoções de mágoa, raiva e perda estão entre as muitas maneiras pelas quais comumente perdemos esses pedaços preciosos de nós mesmos. O versículo 97 do Evangelho de Tomé, a Parábola da Mulher e o Jarro, é um dos lembretes mais diretos e convincentes das consequências de sofrer perdas cumulativas ao longo do tempo. A seguir está a parábola em sua totalidade.

O reino do pai é semelhante a uma mulher que transportava um jarro cheio de farinha. Enquanto caminhava pela estrada, ainda a alguma distância de casa, o cabo do jarro quebrou e a farinha se espalhou por trás dela na estrada sem que ela percebes-

se; ela não notou nenhum incidente. Quando chegou em casa, ela colocou o jarro no chão e percebeu que estava vazio.

O QUE ESTA PARÁBOLA SIGNIFICA?

Quando examinamos mais de perto as declarações que compõem a parábola 1, descobrimos uma verdade poderosa sobre nós mesmos e nosso relacionamento com o amor. Uma análise de declaração a declaração revela essa verdade.

Linha 1: O reino do pai é semelhante a uma mulher que transportava um jarro cheio de farinha.

O corpo humano é muitas vezes comparado com um vaso, ou jarro, no linguajar bíblico, como vemos, por exemplo, no segundo livro de Timóteo: "Se alguém se purificar desses pecados, será como *vaso* para honra..." (2 Timóteo, capítulo 2, versículo 21).

Na parábola 1, o jarro que a mulher está carregando somos nós. Somos o vaso que contém algo de imenso valor. E assim como a mulher gradualmente perde algo precioso que transportava – alimento para sua família – a parábola nos lembra de como também perdemos algo precioso de nosso vaso, muitas vezes sem mesmo saber que está sendo perdido – nossa capacidade para receber amor, bem como para dar amor, em nossas vidas.

A farinha no jarro é nosso amor. É também as muitas expressões de amor, que incluem nossa capacidade de compaixão e cuidado. Como vemos em exemplos bíblicos, como o livro de 2 Coríntios, é dentro do vaso do nosso corpo que carregamos o tesouro terreno do nosso amor: "Temos, porém, esse tesouro em vasos de barro, para demonstrar que este poder que a tudo excede provém de Deus e não de nós mesmos". (2 Coríntios, capítulo 4, versículo 7). Ao longo de nossas vidas, é por meio das diferentes qualidades de amor que confortamos, nutrimos e apoiamos outras pessoas, assim como a nós mesmos, durante os desafios da vida. Quando perdemos pessoas, lugares, animais e coisas que amamos, são precisamente essas qualidades que nos dão a força para sobreviver à nossa perda e passar pela experiência.

Linha 2: Enquanto caminhava pela estrada, ainda a alguma distância de casa, o cabo do jarro quebrou e a farinha se espalhou por trás dela na estrada sem que ela percebesse.

Por compartilharmos de boa vontade nosso amor, nossa compaixão e nosso cuidado, essas também são as partes de nós mais vulneráveis que são perdidas, inocentemente dadas ou tiradas de nós por aqueles que têm poder sobre nós. Cada vez que confiamos o suficiente em outra pessoa para amá-la ou nutri-la e essa confiança é violada, é como o cabo do vaso que se quebrou, permitindo que a farinha do nosso amor se dissipasse. Perdemos um pouco de nós mesmos com a experiência. Nossa relutância em nos abrir novamente para essa vulnerabilidade é a maneira como geralmente aprendemos a sobreviver às nossas feridas mais profundas e às maiores traições. É nosso mecanismo de proteção. E cada vez que reduzimos nossa disposição para amar, fechando o acesso à nossa mais verdadeira natureza de compaixão e nutrição, somos como a farinha que está saindo lentamente do jarro que a mulher está carregando.

Linha 3: [a farinha se espalha na estrada] sem que ela percebesse; ela não notou nenhum incidente.

Aos poucos, perdemos nossa capacidade, e, até mesmo nossa disposição, para amar. E nossa perda geralmente ocorre sem que sequer percebamos que a perda está ocorrendo. As razões de nossa perda podem ser descritas em um espectro que varia desde o nosso compromisso de "cedermos" a demandas irracionais para apaziguar a raiva familiar até a garantia de nossa própria sobrevivência participando, para isso, de práticas prejudiciais e às vezes até mesmo ilegais para nos sentirmos seguros em um relacionamento. Às vezes, essas práticas se tornam tão rotineiras em nossas vidas que as seguimos sem reconhecer a magnitude de nossa perda. Como na parábola, não percebemos os incidentes. Não percebemos, isto é, até que um dia entramos em nosso vaso e descobrimos que é difícil para nós amarmos outra pessoa, porque perdemos o fundamento do amor que outrora tínhamos por nós mesmos.

**Linha 4: Quando chegou em casa, ela colocou o
jarro no chão e percebeu que estava vazio.**

Quando chegamos em um ponto da vida em que encontramos alguém que realmente queremos amar, alguém para quem realmente queremos nos abrir e com quem queremos compartilhar, buscamos o amor em nosso vaso, apenas para descobrir que ele se foi. Em vez do amor que pensávamos encontrar, descobrimos em seu lugar um reservatório vazio. A razão disso é que nos perdemos ao longo do tempo, pouco a pouco, nas próprias experiências em que confiamos o suficiente para nos abrirmos a elas.

AS BOAS NOTÍCIAS DA
MULHER E O JARRO

O propósito desta parábola é nos lembrar de que nossa capacidade para amar outra pessoa está enraizada em nossa capacidade para amar a nós mesmos. A boa notícia que o mestre Jesus compartilhou nos ensinamentos subsequentes do Evangelho de Tomé é que as partes de nós que parecem estar ausentes e o amor que parece ter desaparecido realmente nunca nos deixaram. Não é como se eles estivessem perdidos para sempre. Assim como a alma nunca pode ser destruída, nossa verdadeira natureza nunca pode se perder. Durante os tempos em que o mundo parecia inseguro, simplesmente mascarávamos essas partes de nós mesmos e as escondíamos para protegê-las. Quando reconhecemos os julgamentos que levam a mascarar as feridas mais profundas da vida, embarcamos em um caminho rápido de cura pessoal. A chave para curar nossos julgamentos é encontrada nas parábolas que se seguem à da mulher e o jarro.

No versículo 106 do Evangelho de Tomé, Jesus declara: "Quando vocês fizerem de dois um, vocês se tornarão os filhos do homem, e quando diz: 'Montanha, afaste-se', ela se afastará". Em outras palavras, é quando transcendemos nossas polaridades autojulgadoras de certo e errado, bom e mau, sucesso e fracasso, que recuperamos as partes perdidas de nós mesmos, incluindo nossa capacidade de amar (em outras palavras, a farinha em nosso jarro) antes que ela se afaste de nós.

DESCOBRINDO EM OUTRAS PESSOAS O QUE PERDEMOS EM NÓS MESMOS

A razão pela qual às vezes traímos nossas crenças, nosso amor, nossa confiança e nossa compaixão é simples. É a sobrevivência. Quando crianças, podemos ter descoberto que era mais fácil ficar em silêncio, em vez de expressar uma opinião sob o risco de sermos ridicularizados e invalidados por pais, irmãos, irmãs ou colegas. Como objeto de abuso em uma família, é muito mais seguro "ceder" e esquecer do que resistir àqueles que têm poder sobre nós. Por exemplo, como sociedade, aceitamos matar outras pessoas durante a guerra, e justificamos isso como uma circunstância especial para tirar uma vida.

Todos nós fomos condicionados até certo ponto a nos entregarmos diante de conflitos, doenças e emoções avassaladoras. Embora às vezes nos sacrifiquemos conscientemente, na maioria das vezes fazemos isso de uma maneira que só agora começamos a compreender. Em cada exemplo, temos a oportunidade de ver uma possibilidade poderosa, em vez de julgar o que é certo e errado. Para cada pedaço de nós mesmos que abandonamos para estar onde nos encontramos na vida hoje, há o vazio que foi deixado para trás. Esse vazio está esperando para ser preenchido. E estamos constantemente procurando o que quer que seja, e faremos o que for preciso para preencher nosso vazio particular.

QUANDO NOSSO JARRO ESTÁ VAZIO

Quando encontramos uma pessoa que tem dentro de si os atributos que perdemos, que abandonamos ou que foram tirados de nós por aqueles que têm poder sobre nós, o sentimento é extático. A essência complementar da pessoa preenche nosso vazio interior e dizemos que nos sentimos "inteiros", "completos". Faremos qualquer coisa para manter vivo esse sentimento de totalidade. Esta é a chave para compreender o que acontece quando nos vemos misteriosa e magneticamente atraídos para outra pessoa sem nenhum motivo óbvio. Quando encontrarmos em outras pessoas nossos pedaços "que faltam", seremos poderosa e irresistivelmente atraídos por elas. Podemos até mesmo acreditar que "precisamos" delas em nossa vida, até nos lembrarmos de que aquilo que nos atrai tanto nelas é algo que ainda temos dentro de nós. Estava simplesmente adormecido. Conscientes de que ainda temos essas características e traços, podemos "desmascará-las" e reincorporá-las em nossa vida. E quando fazemos isso, repentinamente descobrimos que não somos mais poderosa, magnética e inexplicavelmente atraídos pela pessoa que originalmente espelhou essas características para nós.

Reconhecer nossos sentimentos por outros com base em quem eles são, e não pelo que nosso condicionamento os faz parecer, é a chave para ser misteriosamente atraído por outra pessoa. Aquele sentimento inexplicável que temos quando estamos com eles – aquele magnetismo e fogo que nos faz sentir tão vivos – é, na verdade, nós mesmos! É a essência daquelas partes de nós mesmos que perdemos, e nosso reconhecimento de que as queremos de volta em nossa vida.

RECONHECENDO O QUE VOCÊ PERDEU EM OUTRAS PESSOAS: UM EXERCÍCIO

Cada um de nós entrega com maestria as porções de nós mesmos que sentimos serem necessárias para a nossa sobrevivência física ou emocional. Quando fazemos isso, é fácil nos vermos como "menos do que" e ficarmos aprisionarmos em nossas crenças sobre o que resta. Para algumas pessoas, a compensação acontece antes de sabermos disso, e não percebemos o que aconteceu. Para outros, é uma escolha consciente.

Quando você encontra alguém em sua vida que inflama um sentimento de familiaridade, eu o convido a mergulhar nesse momento. Algo raro e precioso está acontecendo para ambos. Você acabou de encontrar alguém que guardou as partes de você que estava procurando. Com frequência, essa experiência é uma via de mão dupla, com a outra pessoa sendo atraída para você pela mesma razão!

Você pode usar o seu poder de discernimento, se sentir que isso é apropriado, e iniciar uma conversa. Comece a falar sobre qualquer coisa, qualquer coisa realmente, para manter o contato visual. Enquanto conversam, em sua mente, faça a si mesmo esta simples pergunta: *O que eu vejo nessa pessoa que perdi em mim mesmo, que abandonei ou que senti que foi tirado de mim por aqueles que têm poder sobre mim?* Quase que imediatamente, uma resposta virá à sua mente. Pode ser algo tão simples como um sentimento de realização, ou tão claro como uma voz que você reconhece dentro de si e que esteve com você desde a infância.

As respostas são, com frequência, palavras isoladas ou frases curtas. Seu corpo sabe o que é significativo para você. Talvez você simplesmente reconheça uma beleza nessa pessoa que, nesse momento, sente que está faltando dentro de se mesmo. Possivelmente será a inocência da pessoa na vida, a graça com que ela se move no corredor do supermercado, a confiança enquanto ela realiza a tarefa que tem em mãos, ou simplesmente a radiância de sua vitalidade.

Seu encontro precisa durar apenas alguns segundos, talvez alguns minutos no máximo. Esses breves momentos são sua oportunidade para sentir a alegria e a liberdade do momento. Esse é você, encontrando algo de si mesmo em outra pessoa, algo que você já tem – e o sentimento de como é ter esse algo desperto.

Para quem se atreve a reconhecer o sentimento de familiaridade em tais encontros momentâneos, o espelho da perda é provavelmente algo que se enfrenta todos os dias. Nós achamos essa completude em nós mesmos conforme outros espelham para nós nossa natureza mais verdadeira. Coletivamente, estamos procurando nossa totalidade. Individualmente, criamos as situações que nos levam a encontrá-la. Desde clérigos e professores até pessoas mais velhas observando pessoas mais jovens, como pais cuidando de seus filhos, todos são catalisadores desse sentimento.

Nesses sentimentos, encontramos coisas pelas quais ansiamos em nós mesmos, coisas que ainda estão conosco, mas escondidas em nossas máscaras de quem acreditamos ser. É natural. É humano. Compreender o que seus sentimentos em relação a outras pessoas estão realmente dizendo sobre você pode se tornar sua ferramenta mais poderosa para descobrir seu maior poder.

COMO USAR A PARÁBOLA 1

Leia esta parábola silenciosamente ou em voz alta. Enquanto você lê cada frase, contemple como o tema dessa antiga parábola pode ser uma metáfora relacionada à sua vida atual. Faça silenciosamente a você mesmo as seguintes perguntas:

- Eu reconheço um paralelismo entre a mulher carregando o jarro de farinha na estrada e eu como um vaso humano que carrega amor, confiança e fé em minha jornada pela vida?
- Assim como a mulher não percebeu a farinha caindo lentamente do jarro que ela estava carregando, eu perdi, abandonei ou tive pedaços de mim arrancados por aqueles que têm poder sobre mim ou minha energia, e que me foi extraída por eu responder às necessidades de minha família e dos meus clientes, gradualmente ao longo do tempo, e sem que eu tivesse percebido minha perda?
- Quando a mulher foi pegar o jarro com a farinha, viu que o recipiente estava vazio. Será que eu abandonei uma parte tão grande de mim ao longo da minha vida – será que drenei tanto assim o meu vaso emocional – que agora é difícil para mim amar plenamente, e de maneira completa, quando eu realmente quero fazê-lo?
- O que devo fazer para recuperar as partes que perdi, abandonei ou que foram tiradas de mim mesmo por aqueles que tiveram, ou ainda têm, poder sobre mim?

Faça questão de se conscientizar das pessoas com as quais você se sente bem por estar perto delas.

Notas

Notas

Parábola 2

A Flecha Envenenada

PARÁBOLA 2: A parábola da flecha envenenada.

USO: Este código de sabedoria nos lembra do benefício prático de lidar imediatamente com as condições que a vida nos apresenta, em vez de esperar pelo cumprimento de precondições que podem nunca ser cumpridas.

FONTE: A Parábola da Flecha Envenenada, palestra do budista Sutta Pitaka.

A Parábola da Flecha Envenenada descreve uma situação hipotética que forma a base para um conto de cautela bem conhecido na comunidade budista. A tradição afirma que Buda ofereceu essa parábola em resposta a repetidas perguntas sobre tópicos que ele achava desnecessário explorar e irrelevante para ponderar. Quando indagado por um monge para responder a uma série de questões filosóficas sobre a natureza da vida, o cosmos, a realidade e a existência humana, nesse discurso Buda se recusa a abordar cada um desses tópicos por causa da natureza incognoscível das respostas. O texto, conhecido como *Sabbasava Sutta* (ou *Sutra*), identifica as 16 perguntas que o monge formulou, como se segue:

> *O que eu sou? Como eu sou? Sou eu? Eu não sou? Eu existia no passado? Eu não existia no passado? O que eu era no passado? Como eu era no passado? Tendo sido o que sou, o que eu me tornei no passado? Será que existirei no futuro? Será que não existirei no futuro? O que deverei ser no futuro? Como deverei ser no futuro? Sendo o que sou, o que me tornarei no futuro? De onde veio essa pessoa? Para onde ela irá?*

Quando Buda foi pressionado a responder às perguntas do monge, ele o fez afirmando que é uma perda de tempo refletir sobre essas questões esotéricas. A Parábola da Flecha Envenenada foi a maneira de Buda ilustrar por que ele se sente assim, e o raciocínio subjacente à sua resposta.

No livro *Zen Keys*, o estudioso budista Thich Nhat Hanh compartilha com o leitor a seguinte versão da Parábola da Flecha Envenenada:

> *Suponha que um homem seja atingido por uma flecha envenenada e o médico quer arrancar a flecha imediatamente. Suponha que o homem não queira que a flecha seja removida até que ele saiba quem a atirou, sua idade, seus pais e por que ele*

a atirou. O que aconteceria? Se ele esperasse até que todas essas perguntas fossem respondidas, o homem poderia morrer.

O QUE ESTA PARÁBOLA SIGNIFICA?

Nesta parábola concisa, somos lembrados de três fatores que às vezes se interpõem entre nós e a realização de nossos sonhos, desejos, objetivos e potenciais:

- Às vezes, criamos distrações que nos impedem de tomar decisões importantes e de realizar uma ação oportuna e significativa na vida.
- Ao procrastinar quando se trata de tomar nossas decisões, às vezes nós criamos condições que são piores que a situação inicial que estamos evitando.
- A consequência de retardar uma decisão difícil é que ao agir assim damos a nós mesmos menos opções para escolher entre essas.

Vamos analisar agora a parábola passo a passo. Para ilustrar o seu pensamento, Buda oferece esta história hipotética: Ele propõe que um homem, enquanto caminhava por uma estrada, é subitamente atingido por uma flecha envenenada disparada pelo arco de um arqueiro invisível e desconhecido. O ferimento é sério. O homem está sangrando muito, e é levado a um médico para remover a flecha e impedir a perda de sangue.

Desvios

Na presença do médico, porém, o homem atrasa o procedimento, identificando os fatores que precisam ser abordados – desvios mascarados como perguntas – *antes* que a flecha seja removida. As perguntas que ele faz, no entanto, não podem ser respondidas rapidamente. O homem primeiro quer saber a identidade de quem disparou a flecha. Então ele quer saber a idade do arqueiro, o histórico da família do arqueiro e, finalmente, por que só ele foi alvo da flecha.

Procrastinação

Embora as perguntas que o homem está fazendo sejam razoáveis, e as respostas a elas possam ser informativas, e mesmo interessantes, elas não são necessárias. O médico não precisa das respostas para remediar a ameaça imediata e remover a flecha que está embutida no corpo do homem. As indagações permitem que o homem adie o que com certeza será um doloroso processo – para procrastinar quando se trata do procedimento de remover a flecha.

Consequências

Uma vez que as respostas não podem ser conhecidas no presente momento, e os mistérios do arqueiro resolvidos, a consequência de atrasar o procedimento coloca a vida do homem em perigo crescente. A coisa mais prudente a fazer é remediar o perigo e remover a flecha imediatamente para que a cura possa começar. A consequência de não fazer isso levará a mais sangramento e, consequentemente, à morte do homem.

Como costuma acontecer com uma parábola, a história apresenta uma situação, mas não nos diz como a situação termina. Nós não sabemos se a flecha foi removida, ou se o homem sobreviveu à sua insistência em obter as informações em primeiro lugar.

Nossa Questão

Quantas vezes nos encontramos criando desvios para retardar uma tomada de decisão difícil em nossa vida? Quantas vezes justificamos atrasar uma escolha, insistindo que mais dados são necessários para agir sobre uma escolha que já fizemos intuitivamente? E quantas vezes descobrimos que as situações de nossos relacionamentos, saúde e empregos se tornam mais difíceis, e até mais complexas por causa da nossa procrastinação?

De questões pessoais de intimidade a questões globais como a mudança climática, experimentamos desvios que retardam nossas escolhas quase diariamente. De quanto mais informações precisamos, por exemplo, para nos certificarmos de que estamos em um relacionamento insalubre antes de escolhermos fazer algo saudável para nós mesmos e abandonar o relacionamento? Quantos estudos de núcleos de gelo e de medições do nível do mar precisamos fazer antes de aceitar que a mudança climática é um fato e que precisamos nos adaptar às mudanças [e combater o aquecimento global] o mais rápido possível? Em tais situações, somos como o homem quem foi atingido pela flecha. Não precisamos saber os detalhes de fundo ou compreender toda a história das circunstâncias que estão criando estresse em nossa vida. Não precisamos saber sobre a infância de um parceiro abusivo, sobre relacionamentos anteriores ou desafios à saúde para entendermos que aquilo que está acontecendo no momento não é bom para nós. E embora as fontes da mudança climática possam continuar em disputa por mais um quarto de século, não precisamos da história para saber que precisamos nos adaptar e lutar agora contra a causa das mudanças.

E como o homem com a flecha, enquanto procrastinamos a remoção do "veneno" de um relacionamento ruim ou do malogro em agir para interromper as mudanças climáticas, podemos sucumbir ao veneno antes de nos sentirmos completos em nossos desvios. E como também acontece com o homem com a flecha envenenada, quanto mais cedo removermos o veneno de nossa vida, mais cedo nossa cura terá início.

COMO USAR A PARÁBOLA 2

Leia esta parábola silenciosamente ou em voz alta. Depois de criar um foco em seu coração (consulte a página 21), faça a si mesmo, silenciosamente, as seguintes perguntas:

- Eu reconheço que há um paralelismo entre o homem que foi atingido pela flecha, na maneira como ele criou desvios em sua vida para retardar a dor de remover a flecha de seu corpo, e a maneira como estou tratando de decisões difíceis em minha vida exatamente agora?
- Que problema/problemas/pessoas em minha vida estão envenenando minha saúde, meus sonhos e meus desejos como a flecha envenenada nesta parábola?
- Quais são as consequências de minha procrastinação?
- Quais são as melhores opções disponíveis para eu me responsabilizar pela minha situação e pelas decisões com as quais me defronto hoje?

Procure ficar atento às respostas que vêm até você quando faz essas perguntas com base na mente una de seu coração, e não a partir da polaridade de sua mente.

Agradecimentos

Os Códigos de Sabedoria é meu nono livro como autor da Hay House. Minha redação do livro, no entanto, foi apenas o início do processo cooperativo que tornou possível para mim compartilhar este livro com você. Por meio de um processo que a maioria os leitores nunca verá, uma comunidade dedicada de editores de texto, editores de prova, *designers* gráficos, mídia social, marketing e estrategistas de publicidade, produtores de eventos, representantes de vendas, distribuidores de livros e compradores nas livrarias tiveram de organizar seus cronogramas em torno da minha promessa de que *Os Códigos de Sabedoria* estaria pronto quando eu prometi. Embora eu nunca mais vá encontrar pessoalmente a maior parte dessa comunidade, sei que eles estão lá, e me sinto profundamente honrado em compartilhar nossa jornada. Sou eternamente grato por tudo o que eles fazem todos os dias para compartilhar as informações, as aguçadas percepções, as técnicas e as histórias humanas que tornam este mundo um lugar melhor. Eu gostaria de aproveitar esta oportunidade para expressar minha gratidão àqueles cujos esforços contribuíram diretamente para tornar este livro possível. Especificamente, quero expressar minha gratidão:

A Louise Hay, por sua crença inabalável em nosso potencial para curar e amar a nós mesmos para a cura, e por expressar sua visão como a família extraordinária que a Hay House se tornou. Embora Louise tenha deixado o mundo antes que este livro fosse concluído, suas filosofias intuitivas estabeleceram as bases para a elaboração de *Os Códigos de Sabedoria*.

A Reid Tracy, por sua visão e dedicação pessoal à maneira realmente extraordinária de fazer negócios que se tornou a marca registrada do sucesso da Hay House, e especialmente por seu apoio, seus conselhos sólidos e sua confiança em mim e no meu trabalho por dezesseis anos. Estou ansioso para ver aonde os próximos dezesseis anos nos conduzirão!

A Margarete Nielsen, COO (diretora de operações), por sua visão, dedicação e liderança. Sou especialmente grato por seus sábios conselhos, que abrem uma janela em minha escrivaninha no Novo México para o grande mundo em constante mudança da mídia e das publicações, sua confiança em mim e nas minhas decisões, e sua sempre presente amizade, e apoio.

A Patty Gift, vice-presidente e editora. Quem poderia saber, quando você me apresentou à Harmony Books, em 1999, aonde nossa jornada nos levaria? Obrigado por sua confiança, seus conselhos, sua sabedoria e seu apoio ao longo de duas décadas de mudanças na vida e no mundo. Acima de tudo, obrigado por sua amizade inabalável.

A Anne Barthel, diretora editorial da Hay House U.S. Sinto-me honrado e abençoado por conhecê-la como minha mais incrível, talentosa e versátil guru literária, editora mais incrível, confiável caixa de ressonância, e agora como minha querida amiga.

A cada participante do maior grupo de pessoas com as quais eu jamais poderia imaginar que trabalharia, os muitos membros da nossa família global Hay House, entre eles: Sergio Garcia e todos os membros de nossa equipe da *web*; Alexandra Israel, agente de publicidade sênior e minha extraordinária agente publicitária mundial; Lindsay McGinty, diretora-associada de Publicidade e marketing de livros e minha própria gerente de publicidade global; Tricia Breidenthal, diretora de arte, e sua equipe de pacientes e talentosos *designers* e artistas; Rocky George, o perfeito engenheiro de áudio, com o ouvido voltado para o som certo; e Melissa Brinkerhoff, diretora de atendimento ao cliente, por estar sempre pronta para ouvir a mim e a meu escritório a fim de nos apoiar enquanto tentamos novos modelos para compartilhar as ideias em meus livros e para as tabelas de livros perfeitamente estocadas em nossas conferências – todos vocês são absolutamente os melhores! Eu não poderia pedir um grupo mais incrível de pessoas para com eles trabalhar ou uma equipe mais dedicada para apoiar meu trabalho. Seu entusiasmo e profissionalismo são insuperáveis, e estou orgulhoso de fazer parte de todas as coisas boas que a família Hay House traz para o nosso mundo.

Sou grato a Ned Leavitt, meu único e exclusivo agente literário – muito obrigado por sua sabedoria, integridade e o toque humano que traz a cada marco que nós cruzarmos juntos. Por meio de sua orientação em "pastorear" nossos livros ao longo do mundo editorial em constante mudança, nós alcançamos inúmeras pessoas em mais de 70 países em seis continentes com nossa mensagem empoderadora de esperança e possibilidades. Embora aprecie profundamente sua orientação impecável, sou especialmente grato por sua confiança em mim e em nossa amizade.

Minha sincera gratidão e profundo apreço por Stephanie Gunning, minha extraordinária editora de primeira linha por dezesseis anos, e além de tudo isso, minha querida amiga. Você tem meu mais profundo respeito por seu conhecimento do mundo, suas impecáveis habilidades de linguagem, e sua capacidade para tratar cada um de nossos livros como se fosse o primeiro, e minha gratidão pela maneira como você espalha generosamente seus presentes em cada um de nossos projetos.

Tenho orgulho de fazer parte da equipe virtual e da família que cresceu em torno do apoio ao meu trabalho ao longo dos anos, incluindo Lauri Willmot, minha querida amiga e confidente desde 1996, e agora diretora-executiva de nossa empresa, Wisdom Traditions. Admiro sua força, sabedoria e pensamento claro, a respeito profundamente e aprecio as inúmeras maneiras de você estar sempre pronta para me ouvir, sempre, especialmente quando é importante. Estou ansioso pela nova jornada na qual embarcamos e pelo mistério de onde ela nos levará. Você não pode se aposentar até que eu o faça!

Obrigado, Rita Curtis, minha *extraordinaire* gerente de negócios, e agora minha amiga: agradeço profundamente sua visão, sua clareza e suas habilidades que nos levam daqui para lá em cada mês. Acima de tudo, agradeço sua confiança, sua abertura a novas ideias e, especialmente, nossa amizade crescente.

A Elan Cohen, a mais incrível produtora de eventos, diretora de eventos ao vivo, e agora, minha cara amiga. Obrigado por suas habilidades visionárias, sua confiança em mim, sua abertura às minhas ideias, e a alegria que continua a dizer "sim!" à jornada que começamos há mais de quinze anos.

À minha mãe, Sylvia, que apoiou minha paixão precoce pela ciência, arte e música, mesmo quando ela não as entendia; e a meu irmão caçula, Eric, por seu amor infalível e por sempre acreditar em mim. Embora nossa família de sangue seja pequena, juntos descobrimos que nossa família extensa de amor é maior do que poderíamos ter imaginado. Obrigado por tudo que vocês trazem para minha vida a cada dia.

À minha linda esposa, Martha, obrigado por sua amizade duradoura, sabedoria gentil e amor abrangente, que estão comigo a cada dia da minha vida. Juntamente com Woody "Bear", nosso pequenino Willow, e nosso recém-falecido Nemo, os seres peludos com os quais compartilhamos nossas vidas, vocês são a família que me dá motivo de voltar para casa depois de cada evento. Obrigado por tudo o que vocês trazem à minha vida.

Um agradecimento muito especial a todos os que apoiaram meu trabalho, meus livros, minhas gravações e minhas apresentações ao vivo ao longo dos anos. Sinto-me honrado por sua confiança, admirado por sua visão de um mundo melhor e profundamente grato por sua paixão em fazer esse mundo existir. Por meio de sua presença, aprendi a me tornar um ouvinte melhor e a ouvir as palavras que me permitem compartilhar nossa mensagem empoderadora de esperança e possibilidades. A todos, sou grato de todas as maneiras, sempre.

Referências

Epígrafes

"Uma única palavra tem o poder de influenciar a expressão dos genes..." Andrew Newberg, M.D., e Mark Robert Waldman, *Words Can Change Your Brain: 12 Conversation Strategies to Build Trust, Resolve Conflicts, and Increase Intimacy* (Nova York: Hudson Street Press, 2012), p. 3.

"Não conheço nada no mundo que tenha tanto poder quanto uma palavra." Emily Dickinson, *Letters*.

Introdução

Benjamin Lee Whorf, *"Science and Linguistics"*, publicado pela primeira vez na *MIT Technology Review* 42, nº 6 (abril de 1940): pp. 229-31; reimpresso em *Language, Thought and Reality: Selected Writings of Benjamin Lee Whorf*, org. John B. Carroll (Cambridge, MA: The MIT Press, Massachusetts Institute of Technology, 1956), pp. 212-14. Benjamin Lee Whorf morreu de câncer em 1941, antes de ter a oportunidade de publicar uma versão completa de suas teorias. Embora tenha publicado com sucesso uma série de artigos antes de sua morte, inclusive o artigo citado, as representações definitivas de seu trabalho foram publicadas postumamente por colegas como G. L. Trager, que publicou o artigo definitivo "The Systematization of the Whorf Hypothesis", um dos documentos normalmente usados atualmente para fazer referência às ideias de Whorf.

Roberto Cazzolla Gatti, "A Conceptual Model of New Hypothesis on the Evolution of Biodiversity", *Biologia* 71, nº 3 (março de 2016): p. 343, https://doi.org/10.1515/biolog-2016-0032. A melhor ciência do século XXI mudou 150 anos de pensamento baseado no modelo de Charles Darwin para o princípio fundamental de sistemas naturais. Na realidade, a natureza é baseada na cooperação, não na competição.

"Uma única palavra tem o poder de influenciar a expressão dos genes..." Andrew Newberg, M.D., e Mark Robert Waldman. *Words Can Change Your Brain: 12 Conversation Strategies to Build Trust, Resolve Conflicts, and Increase Intimacy* (Nova York: Hudson Street Press, 2012), p. 3. Este livro seminal apoia as ideias de Benjamin Lee Whorf propostas em meados do século XX e leva a relação palavra-ser humano desde o nível dos neurônios até mais profundamente, até o nível da expressão do gene.

"Ao longo do tempo, a estrutura do tálamo também mudará..." Andrew Newberg, M.D., e Mark Robert Waldman, em *"Words Can Change Your Brain"*, Therese J. Borchard, PsychCentral.com, 27 de maio de 2019, https://psychcentral.com/ blog/words-can change-your-brain-2.

Como Usar os Códigos de Sabedoria

A Técnica de Coerência Rápida foi desenvolvida pelo Instituto HeartMath, fundado em 1991. É baseada em três décadas de importantes pesquisas desbravadoras em neurobiologia, que levaram a novas descobertas sobre a presença de neurônios no coração, a coerência entre coração e cérebro, e a relação entre o coração humano e os campos magnéticos da Terra.

Para mais detalhes científicos sobre a coerência entre coração e cérebro, leia os dois primeiros capítulos do meu livro *Resilience from the Heart: The Power to Thrive in Life's Extremes* (Carlsbad, CA: Hay House, 2015). Esse livro foi originalmente lançado com o título *The Turning Point: Creating Resilience in a Time of Extremes* (2014). Foi renomeado para enfatizar as técnicas e aplicações do foco no coração e da coerência baseada no coração para a resiliência pessoal.

As Palavras São os Códigos

"Palavras podem acender fogueiras na mente dos homens..." Patrick Rothfuss, *The Name of the Wind* (Nova York: DAW Books, 2007).

"Tudo o que pedirdes ao Pai, Ele o concederá a vós, em meu Nome..." João 16:23 (versão da Bíblia King James). Em 1604, o rei James I da Inglaterra encomendou uma nova tradução da Bíblia. Desde sua publicação, em 1611, essa versão tem sido o padrão para muitos grupos de protestantes de fala inglesa.

"Pergunte sem um motivo oculto e seja envolvido por sua resposta..." Neil Douglas-Klotz, tradutor, *Prayers of the Cosmos: Meditations on the Aramaic Words of Jesus* (San Francisco, CA: HarperSanFrancisco, 1994), pp. 86-7.

"Montanha, afaste-se..." "The Gospel of Thomas (II, 2)", Helmut Koester e Thomas O. Lambdin, em *The Nag Hammadi Library*, org. James M. Robinson (Nova York: HarperCollins, 1990), p. 137. Os manuscritos conhecidos coletivamente como Biblioteca Nag Hammadi – os registros mais antigos e completos de textos do Novo Testamento – foram descobertos em 1945 no Egito, apenas um ano antes de os Manuscritos do Mar Morto, encontrados nas cavernas de Qumran. A descoberta foi especialmente significativa, bem como polêmica,

pois revelou que muitos textos foram removidos do cânone bíblico, usados pela Igreja Católica no século IV, inclusive esse evangelho.

Parte Um: Proteção

Epígrafe. "Craig D. Lounsbrough Quotes", Goodreads.com, acessado em 12 de agosto de 2019.

Código de Sabedoria 1: Salmo 91

Das várias traduções do Salmo 91, escolhi a tradução em inglês que é mais amplamente aceita e acessível a leitores não acadêmicos, a Versão da Bíblia King James.

"Bendito seja Abraão pelo Deus Altíssimo..." *Holy Bible: From the Ancient Eastern Text*, tradução de George M. Lamsa do aramaico da Peshitta (Filadélfia: A. J. Holman Company, 1933). A palavra *peshitta* significa "comum" no dialeto siríaco, e é o nome dado a uma tradução do Bíblia cristã por volta do século III.

Código de Sabedoria 2: Oração de Refúgio

Lobsang Wangdu, "How to Say the Refuge Prayer in Tibetan", YoWangdu. com, acessado em 19 de agosto de 2019, www.yowangdu.com/ tibetan-buddhism/refuge-prayer.html. A Prece Tibetana de Refúgio (*kyamdro*) é uma oração budista tradicional. Embora o tema de cada tradução que li pareça o mesmo, nuanças de interpretações são refletidas nas várias traduções. Por razões de clareza e precisão, para o Código de Sabedoria 2, eu escolhi uma tradução de Lobsang Wangdu. Um tibetano morando nos Estados Unidos, ele foi ex-monge budista e tem um mestrado em Madyamika pelo Institute of Buddhist Dialectics em Dharamsala, na Índia. A postagem do *blog* de Wangdu no *kyamdro* inclui um vídeo dele pronunciando a Prece de Refúgio no idioma tibetano.

Código de Sabedoria 3: Pai-Nosso

"Pai-Nosso que estás nos céus, santificado seja o vosso nome..." Holy Bible: From the Ancient Eastern Text, tradução de George M. Lamsa do aramaico da Peshitta (Filadélfia: A. J. Holman Company, 1933). Como é o caso com tantos dos códigos de sabedoria, as palavras do Pai-Nosso existem hoje em inúmeras traduções que refletem as várias interpretações desse texto pelas pessoas. A versão *peshitta* da Bíblia é o nome dado a uma tradução cristã da Bíblia do dialeto siríaco, original do aramaico, usado por volta do século III. Eu escolhi a tradução de George M. Lamsa da versão Peshitta do Pai-Nosso porque ele era um orador em aramaico nativo. Essa tradução parece a mais próxima do original da linguagem que Jesus teria usado para revelar o Pai-Nosso em seus dias.

Burton L. Mack, *The Lost Gospel: The Book of Q and Christian Origins* (San Francisco: HarperOne, 2013).

"Essa forma do aramaico é muito semelhante a...", Stephen Andrew Missick, "The Lord's Prayer in the Original Aramaic", *Aramaic Herald*, 18 de março de 2011, http://aramaicherald.blogspot.com/2011/03/lords-prayer-in-original-aramaic-by.html.

Esta citação é de uma parte do seu *blog*, que resume seus pontos de vista e suas pesquisas contidos em seu livro *The Language of Jesus: Introducing Aramaic* (Amazon Digital Services, LLC, 2010).

A Revised Standard Version (RSV ou Versão Padrão Revisada) da Bíblia foi lançada em 1952 e não inclui a doxologia bizantina, pelas razões descritas no Código de Sabedoria 3. A RSV usa a versão do King James e a Versão Padrão Norte-Americana como suas fontes fundamentais. O objetivo da RSV era tornar a Bíblia mais legível para pessoas contemporâneas, removendo palavras que não são mais comumente usadas, como *tu*, *ti* e *falaste*, enquanto honra a intenção original e o tema do texto.

"A doxologia... aparece mais tarde pela primeira vez no Didache..." A doxologia está ausente no livro de Lucas e na RSV do Pai-Nosso, Mateus 6: 9-13. Ela aparece pela primeira vez no texto Didache (cerca de 1 d.C.), como parte dos textos que são considerados os escritos cristãos da segunda geração.

"Abwoon d'bwashmaya..." Neil Douglas-Klotz, tradutor, *Prayers of the Cosmos: Meditations on the Aramaic Words of Jesus* (San Francisco: HarperSanFrancisco, 1994). Embora existam muitas traduções possíveis e camadas de significado associadas ao idioma aramaico, tenho preferido, e muitas vezes confiado, nesta tradução em particular desde que foi lançada pela primeira vez em 1990. Estou incluindo aqui uma referência ao Pai-Nosso, bem como a outras obras significativas, como a tradução aramaica das Beatitudes.

Código de Sabedoria 4: Mantra Gayatri

"Brahma, a manifestação da energia espiritual..." Swami Vivekananda, *The Complete Works do Swami Vivekananda, Volume One* (Advaita Ashram, 2016). Este primeiro volume em um conjunto de nove volumes celebra o 150º aniversário do nascimento de Swami Vivekananda, em 1863, e oferece uma exploração mais profunda dos mantras hindus tradicionais, incluindo o Gayatri.

"Ó tu existência Absoluta, Criador das três dimensões..." Shri Gyan Rajhans. "The Gayatri Mantra" *Learn Religions*, 12 de junho de 2019, www.learnreligions.com/the-gayatri-mantra-1770541.

A idade dos *Vedas* é incerta. Os estudiosos comumente atribuem a origem do *Rig Veda*, o mais antigo dos Vedas, a uma data situada aproximadamente entre 1100 a.C. e 1700 a.C. Alguns estudiosos, no entanto, sugerem que a origem dos textos pode remontar a até 7 mil anos atrás. Tal como acontece com muitos textos dessa antiguidade, há muitas traduções, baseadas em diversas interpretações do texto original. Embora eu tenha escolhido a bela e precisa tradução de Kumud Ajmani, Ph.D., para o Código de Sabedoria 4, outras traduções estão disponíveis e podem variar em aspectos específicos.

"Aum Bhur Bhuvah Swah..." Kumud Ajmani, "Gayatri Mantra Word by Word Meaning", Glimpses of Divinity: The EagleSpace Blog, 25 de janeiro de 2018, https://blog.eaglespace.com/gayatri-mantra-words. Esta discussão sobre o Mantra Gayatri é uma das melhores, mais concisas e precisas que encontrei em minha pesquisa.

Parte Dois: Medo

Epígrafe. Pema Chödrön, *When Things Fall Apart: Heart Advice for Difficult Times* (Boston: Shambhala Publications, 1997), p. 22.

Candace Pert, *Molecules of Emotion: The Science Behind Mind-Body Medicine* (Nova York: Simon and Schuster, 1999). Tive o privilégio de conhecer Pert antes de ela morrer em 2013. Estávamos publicando e distribuindo nossos livros por meio da Hay House, e as conferências I Can Do It da época foram oportunidades incríveis para os palestrantes conhecerem e apoiarem os trabalhos uns dos outros. Tenho um enorme respeito por sua obra revolucionária, que abre caminho para uma transformação de paradigma, na qual ela documenta a produção pelo corpo de substâncias químicas (neuropeptídeos) a partir de experiências emocionais e do papel da emoção e do trauma não resolvidos em impedir a capacidade do corpo para metabolizar essas substâncias químicas.

Karl Albrecht, "The (Only) 5 Fears We All Share", *blog* da *Psychology Today*, 22 de março de 2012. O medo da aniquilação é o primeiro na lista dos cinco medos que compartilhamos universalmente como seres humanos. O psicólogo Albrecht identifica e descreve concisamente esses medos e o papel que eles desempenham em nossas vidas.

A lei da conservação da energia é um princípio fundamental da termodinâmica. Em vez de ser uma descoberta que ocorreu em um momento no tempo, o reconhecimento dessa lei física evoluiu gradualmente ao longo dos séculos, com raízes nas observações do astrônomo e físico Galileu na década de 1600. Em 1842, Julius Robert von Mayer formalizou o princípio na expressão "a energia não pode ser criada, nem destruída". Este é um conceito-chave quando se trata de considerar o problema da imortalidade humana e do destino supremo da energia da alma.

Código de Sabedoria 5: *Katha Upanishad*

"A alma não nasce, nem morre..." (*"The soul is not born, nor does it die..."*) Swami Mukundananda, "*Bhagavad Gita*: Capítulo 2, Versículo 20", *Bhagavad Gita: The Song of God*, acessado em 9 de agosto de 2019, www.holy-bhagavad-gita.org/chapter/2/verse/20.

Embora as palavras do Código de Sabedoria 5 sejam encontradas no *Upanishad* conforme é descrito no texto, uma versão quase idêntica também é encontrada no *Bhagavad Gita*, capítulo 2, versículo 20: "A alma nem nasce nem morre; nem tendo existido uma vez, nunca deixa de ser. A alma não tem nascimento, é eterna, imortal e sem idade. Não é destruída quando o corpo é destruído".

Código de Sabedoria 6: Textos da Pirâmide

R. O. Faulkner, *The Ancient Egyptian Pyramid Texts* (Stilwell, KS.: Digireads.com, 2007), p. 42. Essa tradução de 1969 é minha fonte primária para este capítulo. Das muitas e variadas traduções que agora estão disponíveis para os Textos da Pirâmide, eu encontrei a do egiptólogo Faulkner, do Reino Unido, que julgo a mais precisa, concisa e consistente das traduções que recebi dos guias egípcios, que me levaram primeiro às câmaras sob a Pirâmide de Unas, em 1986. Faulkner contribuiu para a tradução dos Textos da Pirâmide que estão disponíveis como um acompanhamento para as imagens dos hieróglifos, câmara por câmara, *on-line* em www.pyramidtextsonline.com/translation.html.

Código de Sabedoria 7: *Bhagavad Gita*

Swami Mukundananda, tradução e comentários, *Bhagavad Gita: The Song of God* (Dallas: Jagadguru Kripaluji Yog, 2017). Esta é minha fonte primária para este capítulo.

"A alma nunca é criada, nem nunca morre..." (*"The soul is never created, nor does it ever die..."*) Mukundananda, "Bhagavad Gita: Chapter 2, Verse 20", acessado em 9 de agosto de 2019, www.holy-bhagavad-gita.org/chapter/2/verse/20.

"Aquilo que permeia todo o corpo..." (*"That which pervades the entire body..."*) Mukundananda, "Bhagavad Gita: Chapter 2, Verse 17", acessado em 9 de agosto de 2019, www.holy-bhagavad-gita.org/chapter/2/verse/17.

"Armas não podem destruir a alma..." (*"Weapons cannot shred the soul..."*) Mukundananda, "Bhagavad Gita: Chapter 2, Verse 23", www.holy-bhagavad-gita.org/chapter/2/verse/23.

"A alma é inquebrável e incombustível..." (*"The soul is unbreakable and incombustible..."*) Mukundananda, "Bhagavad Gita: Chapter 2, Verse 24", www.holy-bhagavad-gita.org/chapter/2/verse/24.

Código de Sabedoria 8: O Evangelho da Paz

"Um dia seu corpo retornará à Mãe Terrestre..." Edmond Bordeaux Szekely, *The Essene Gospel of Peace: Book One* (Baja California: International Biogenic Society, 1981). Quando jovem, Szekely foi enviado para estudar no Vaticano em Roma. Por volta de 1923, ele teve acesso à Biblioteca particular do Vaticano, onde descobriu o Evangelho aramaico dos ensinamentos de Jesus. Embora não tivesse permissão para remover os documentos da biblioteca, ele tinha permissão para

transcrevê-los. O Book One (Livro Um) foi o primeiro dos quatro livros que resultaram das traduções de Bordeaux.

"Nossa 'Mãe Terra' e nosso 'Pai no Céu'..." Szekely, pp. 56-7.

"E você será uno com o Sagrado Fluxo de Luz..." Szekely, p. 58.

Parte Três: Perda

Epígrafe. "Norman Cousins Quotes", BrainyQuote.com, BrainyMedia Inc., acessado em 12 de agosto de 2019, www.brainyquote.com/quotes/norman_ cousins_121747.

"A natureza abomina o vácuo." Aristóteles, *Física, Livro IV*, capítulos 6-9 (cerca de 350 a.C.).

Gregg Braden, *Secrets of the Lost Mode of Prayer: The Hidden Power of Beauty, Blessing, Wisdom and Hurt* (Carlsbad, CA: Hay House, 2006), pp. 173-77.

Código de Sabedoria 9: Otagaki Rengetsu

Otagaki Rengetsu, tradução John Stevens, *Rengetsu: Life and Poetry of Lotus Moon* (Brattleboro, VT: Echo Point Books and Media, 2014), p. 32. O princípio budista da impermanência, que é a base do Código de Sabedoria 9, é descrito poeticamente no trabalho da freira budista do século XIX, Otagaki Rengetsu. Esse livro é minha fonte para o trabalho dela.

Para uma discussão mais detalhada das *três marcas da existência*, recomendo a obra do monge budista vietnamita Thich Nhat Hahn, especialmente seu livro *The Heart of the Buddha's Teaching: Transforming Suffering into Peace, Joy, and Liberation* (Nova York: Harmony, 1999), p. 141. Os ensinamentos budistas existem como camadas cada vez mais profundas e significados mais sutis.

Código de Sabedoria 10: Buda

Como fiz no Código de Sabedoria 9, remeto o leitor ao trabalho do monge budista vietnamita Thich Nhat Hahn, *The Heart of the Buddha's*

Teaching: Transforming Suffering into Peace, Joy, and Liberation (Nova York: Harmony Books, 1999).

"O que experimentamos como 'equilíbrio' é, na verdade, um estado temporário de harmonia..." Gregg Braden, *The Divine Matrix: Bridging Time, Space, Miracles, and Belief* (Carlsbad CA.: Hay House, 2007), 187-9 [Em português: *A Matriz Divina: Uma Jornada Através do Tempo, do Espaço, dos Milagres e da Fé*, Editora Cultrix, São Paulo, 2008]. Para uma discussão sobre como esse princípio costuma funcionar em nossas vidas, consulte a Parte 3.

Código de Sabedoria 11: Pavamana Mantra

Swami Prabhavananda e Fredrick Manchester, *The Upanishads: Breath of the Eternal*, 2. ed. (Hollywood, CA: Vedanta Press, 1975), p. 80. O Mantra Pavamana foi escrito há aproximadamente 2.700 anos como parte do *Brihadaranyaka Upanishad*. Como um dos principais *Upanishads* do Hinduísmo, o *Brihadaranyaka* é especificamente dedicado à exploração e à metafísica da alma humana (*atman*). Embora o texto sânscrito tenha permanecido como um texto estável, há muitas e variadas traduções em inglês disponíveis. Para os propósitos deste livro, escolhi esta tradução do Mantra Pavamana.

Para comentários adicionais sobre o significado das palavras, consulte *Om Asato Maa Sad-Gamaya*; veja em https://en.wikipedia.org/wiki/Pavamana_Mantra.

"Transformação do indivíduo e de seu ambiente..." (*"Transformation of the individual and their environment..."*) John Campbell, conforme citado em Shira Atkins, "A Beginner's Guide to Essential Sanskrit Mantras", *Sonima*, 21 de agosto de 2015, www.sonima.com/yoga/sanskrit-mantras.

Parte Quatro: Força

Epígrafe. "Katherine Dunham Quotes", Goodreads.com, acessado em 11 de agosto de 2019, www.goodreads.com/quotes/592751-go-within-every-day-and-find-the-inner-strength-so.

George Gurdjieff escreveu uma série de livros narrando sua misteriosa jornada para encontrar os ensinamentos ocultos que se tornaram o foco central de sua vida. Ele publicou a edição em francês do seu livro *Meetings with Remarkable Men: All and Everything* (*Encontros com Homens Notáveis*) em 1960. Ele foi traduzido para o inglês em 1963 [e para o português em 1980, pela Editora Pensamento, São Paulo, encontrando-se atualmente fora de catálogo] e lançado como o filme *Encontros com Homens Notáveis*, escrito e dirigido por Peter Brook, em 1979. Gurdjieff chamou este livro de o primeiro em sua "segunda série" de escritos.

Alfredo Metere, "Does Free Will Exist in the Universe? (That Would Be a No.)" [O Livre-Arbítrio Existe no Universo? (Isso seria um Não)"], *Cosmos*, 18 de julho de 2018, https://cosmosmagazine.com/physics/does-free-will-exist-in-the-uni   verse-that-would-be-a-no. Embora a conversa sobre escolha e livre-arbítrio é com frequência relegada a textos filosóficos, ela também se refere diretamente à essência do por que a Parte Quatro é tão poderosa. Essa exploração escrita de maneira bela e responsável a respeito desse conceito poderoso em um formato fácil de ler foi escrita por um cientista pesquisador sênior do International Computer Science Institute.

Código de Sabedoria 12: Oração da Beleza

Shonto Begay, "Shonto Begay", *Indian Artist* 3, nº 1 (inverno de 1997), p. 52. A versão informal da Oração da Beleza que escolhi para iniciar o capítulo é aquela que vi expressa pelo artista nativo Shonto Begay em uma revista de arte editada no Novo México, *Indian Artist*. Embora, pelo que parece, a revista não esteja mais ativa, estou incluindo aqui a referência para maior clareza.

"Este código poderoso forma a oração de encerramento da Cerimônia do Caminho da Bênção..." (*"This powerful code forms the closing prayer of the Blessing Way Ceremony..."*) Para uma discussão detalhada de como as cerimônias navajo são realizadas, consulte o Navajo Song Ceremonial Complex: https://en.wikipedia. org/wiki/Navajo_song_ceremonial_complex.

"A beleza com a qual você vive..." Mark Sublette, "Shonto Begay, Native American Painter", *Canyon Road Arts: The Complete Visitors Guide to Arts, Dining and the Santa Fe Lifestyle*, 10 de março de 2013.

A tradução completa para o inglês da Oração da Beleza foi produzida por Robert S. Drake para Tom Holm, Ph.D., Universidade do Arizona, programa de estudos de graduação sobre indígenas norte-americanos, Native American Religions and Spirituality. Consulte *on-line* e ouça uma gravação de Wayne Wilson lendo a oração na língua navajo original: "Walk in Beauty: Prayer from the Navajo People", *Talking Feather: Lesson Plans about Native American Indians*, acessado em 19 de agosto de 2019, https://talking-feather.com/home/walk-in-beauty-prayer-from-navajo-blessing.

Código de Sabedoria 13: Mantra Védico

Ao escrever este capítulo, contei principalmente com três artigos.

Michael Ireland, "Meditation and Psychological Health and Functioning: A Descriptive and Critical Review", *Scientific Review of Mental Health Practice* 9, nº 1 (maio de 2012), pp. 4-19. Este artigo descreve uma avaliação científica e benefícios de várias práticas de meditação.

Jai Paul Dudeja, "Scientific Analysis of Mantra-Based Meditation and Its Beneficial Effects: An Overview", *International Journal of Advanced Scientific Technologies in Engineering and Management Sciences* 3, nº 6 (junho de 2017), pp. 21-6. A ciência moderna está levando a sério a antiga ciência dos mantras, uma vez que o físico, assim como o fisiológico, estão agora bem documentados. A referência dessa revista descreve um desses estudos.

Ramesh, "Om Namah Shivaya – Meaning and Its Significance", *Vedicfeed*, 24 de junho de 2018, https://vedicfeed.com/om-namah-shivaya-meaning. O mantra védico *Om Namah Shivaya* é um antigo mantra e cântico tradicional. O autor quebra as sílabas do mantra e mostra como elas combinam com os elementos da natureza e os sete chakras.

"Os mantras têm um efeito muito específico sobre nossos estados mentais, emocionais, físicos e espirituais." ("Mantras have a very specific effect on our mental, emotional, physical and spiritual states.") MartinSchmidtInAsia, "Enchanted Chanting: Experiencing Peace and Purity in the High School Classroom, "Social Conscience and Inner Awakening blog, 12 de setembro de 2018, https://martinschmidtinasia.wordpress.com/2018/09/12/enchanted-chanting-experiencing-peace-and-purity-in-the-high-school-classroom/

"Agora me tornei a morte, o destruidor de mundos..." ("Now I am become death, the destroyer of worlds...") Swami Mukundananda, *Bhagavad Gita: The Song of God*, capítulo 11, versículos 31-3, www.holy-bhagavad-gita.org/chapter/11/verse/32.

Código de Sabedoria 14: Salmo 23

"O senhor é o meu pastor..." Para minha referência bíblica do Salmo 23, neste capítulo eu escolhi New International Version (NIV ou Nova Versão Internacional) pelas razões descritas no texto. Para uma comparação da versão NIV do Salmo 23 com a English Standard Version (ESV ou Versão padrão Inglesa), recomendo www.biblegateway.com/passage/?-search=Psalm+23&versi on=ESV;Niv

"Sou o pastor do povo que faz com que a verdade apareça..." (*"I am the shepherd of the people who causes the truth to appear..."*) Stan Rummel, "The Hammurabi Stele: Partially Retold in English", K. C. Hanson's Home Page, acessado em 27 de agosto de 2019, www.kchanson.com/ANCDOCS/ meso/hammurabi.html. Essa tradução para o inglês é uma versão de leitura muito acessível do texto da antiga estela de Hamurábi, um monumento de pedra com um registro de 282 leis impostas pelo rei da Babilônia em 1754 a.C.

Parte Cinco: Amor

Epígrafe. Kate McGahan, *Only Gone from Your Sight: Jack McAfghan's Little Guide to Pet Loss and Grief* (Kate McGahan: 2018).

"Sua tarefa não é buscar o amor..." (*"Your task is not to seek for love..."*) Goodreads.com, acessado em 13 de agosto de 2019, www.goodreads.com/quotes/1268078-your-task-is-not-to-seek-for-love-but-merely.

"O perdão não desculpa o que outra pessoa fez..." Andrea Brandt, Ph.D., M.F.T., "How Do You Forgive Even When It Feels Impossible? (Part 1)", *Psychology Today*, 2 de setembro de 2014.

"Bem-aventurado o homem que sofreu e encontrou a vida..." Helmut Koester e Thomas O. Lambdin, "The Gospel of Thomas (II, 2)", na *The Nag Hammadi Library*, ed. rev., James M. Robinson, org. (Nova York: HarperCollins, 1990), p. 132.

"Aquilo que vocês têm os salvará se vocês o extraírem de si mesmos..." Koester e Lambdin, "The Gospel of Thomas (II, 2)," p. 134.

"Por meio do poder do amor, podemos abandonar a história passada..." Ernest Holmes Quotes, AZ Quotes (acessado em 13 de agosto de 2019), www.azquotes.com/author/6840-Ernest_Holmes.

"Ao perdoar, você está aceitando a realidade do que aconteceu..." Brandt, "How Do You Forgive Even When It Feels Impossible? (Part 1)."

Código de Sabedoria 15: Evangelho de Tomé

"Eu os perdoo por matarem meus pais..." Ofer Aderet. *"Holocaust Survivor Known for Forgiving Nazis Dies at 85 on Trip to Auschwitz"*, *Haaretz*, 4 de julho de 2019.

"Se vocês revelarem o que está dentro de vocês, o que vocês revelarem os salvará..." Koester e Lambdin, "The Gospel of Thomas (II, 2)", 134.

Parte Seis: Os Códigos de Poder

Epígrafe. Yehuda Berg. "The Power of Words", *HuffPost*, 27 de novembro de 2011, www.huffpost.com/entry/the-power-of-words_b_716183.

Código de energia 1: Eu quero

"O que acontece na terra é apenas um pálido reflexo..." Michael Wise, Martin Abegg, Jr., e Edward Cook, tradução e comentário, "The Songs of the Sabbath Sacrifice", em *The Dead Sea Scrolls: A New Translation* (Nova York: HarperSanFrancisco, 1996), 365.

"Vivemos em um mundo... que existe independentemente de nós, seres humanos..." Alice Calaprice, org., *The Expanded Quotable Einstein* (Princeton, N.J.: Princeton University Press, 2000), p. 220.

"Tínhamos essa velha ideia de que existe um universo lá fora..." F. David Peat, *Synchronicity: The Bridge Between Matter and Mind* (Nova York: Bantam Books, 1987), p. 4.

"Como um vasto espaço onde nada falta e nada sobra..." Richard B. Clarke. *Hsin-Hsin Ming: Seng-ts'an, Third Zen Patriarch* (Buffalo, NY: White Pine Press, 2011), p. 11. O Hsin-Hsin Ming é atribuído a Chien Chih Seng-ts'an, terceiro patriarca zen, no século VI.

"Senhor, se é da tua vontade, podes purificar-me." Versão King James, Mateus 8: 2.

Código de energia 2: Eu sou

"Eu sou o que sou." Versão King James, Êxodo 3:14. As palavras que Deus falou a Moisés em resposta à questão de sua identidade.

"Assim dirás aos filhos de Israel..." Êxodo 3:15.

"O Campo Universal não julga a adequação do que damos a ele para refletir..." Braden, *The Divine Matrix*, 161-64. Para uma discussão mais ampla de nosso relacionamento com o campo de energia cientificamente reconhecido que conecta todas as coisas, eu o encaminho ao meu livro anterior.

"'Montanha, afaste-se', ela se afastará..." Koester e Lambdin, "The Gospel of Thomas (II, 2)", p. 137.

Parte Sete: As Parábolas

Epígrafe. Roger C. Schank. *Tell Me a Story: Narrative and Intelligence* (Evanston, IL: Northwestern University Press, 1995).

"Exemplos adicionais de pinturas rupestres que se descobriu terem sobrevivido em cavernas no sul da França...". Em 1994, exploradores descobriram uma caverna previamente selada no sul da França, com 425 imagens nas paredes da caverna retratando 14 diferentes espécies de animais. A datação por carbono-14 sugere que as imagens têm pelo menos 32 mil anos, o que as torna as mais antigas imagens de cavernas documentadas até o momento. O diretor Werner Herzog explorou a caverna Chauvet em seu documentário *Cave of Forgotten Dreams*.

Parábola 1: A Mulher e o Jarro

"Quem somos nós... a não ser as histórias que contamos sobre nós mesmos..." Scott Turow, *Ordinary Heroes* (Nova York: Grand Central Publishing, 2011), p. 6.

O cineasta Werner Herzog captou imagens das pinturas rupestres mais antigas do mundo em seu excelente documentário de 2010, *Cave of Forgotten Dreams*, https://en.wikipedia.org/wiki/Cave_of_Forgotten_Dreams. [A versão em 3D desse filme está disponível na internet. Esse sistema de imagem coloca ao alcance do espectador uma sugestão que o próprio filme apresenta, a de que o homem das cavernas teria uma certa experiência de protoanimação da imagem, pois o artista rupestre também pintava nas sinuosidades das rochas, reentrâncias e relevos das paredes, nas estalactites etc., e seu percurso na caverna proporcionava certa dinâmica às imagens. (N. do R.)]

"Os seres humanos não são preparados de maneira ideal para entender a lógica..." Schank, *Tell Me a Story.*

"Refina as vias neuroniais que levam a uma navegação habilidosa pelos problemas da vida..." Jonathan Gottschall, *The Storytelling Animal: How Stories Make Us Human* (Nova York: Mariner Books, 2012), p. 67.

"Estas são as palavras ocultas que o Jesus vivo falou..." Koester e Lambdin, "The Gospel of Thomas (II, 2)", p. 126.

"O reino do pai é como uma certa mulher que carregava um jarro cheio de farinha..." Koester e Lambdin, "The Gospel of Thomas (II, 2)", p. 126.

"E quando você diz, 'Montanha, afaste-se', ela se afastará..." Koester e Lambdin, "The Gospel of Thomas (II, 2)", p. 137.

Parábola 2: A Flecha Envenenada

"Suponha que um homem seja atingido por uma flecha envenenada..." Thich Nhat Hanh, *Zen Keys: A Guide to Zen Practice* (Nova York: Harmony, 1994), p. 42.

Recursos

Como Usar os Códigos de Sabedoria

Para novas descobertas sobre o coração humano, e detalhadas instruções para promover a coerência entre cérebro e coração, consulte meu lançamento de 2014, Gregg Braden, *Resilience from the Heart: The Power to Thrive in Life's Extremes* (Hay House, Inc., 2014). pp. 1-80.

Para acesso à pesquisa, *webinars* e tecnologia de apoio à coerência pessoal e a coerência global, consulte o *site* oficial da HeartMath: www.heartmath.org.

Código de Sabedoria 2

Lobsang Wangdu passou mais de vinte anos como monge treinando em filosofia budista e tem mestrado em Madyamika pelo Institute of Buddhist Dialectics em Dharamsala, na Índia. Para um excelente tutorial de áudio para entoar em a oração tibetana de refúgio, recomendo o vídeo de seu *site*: www.yowangdu.com /tibetan-buddhism/refuge-prayer.html.

O grande yogue Atiśa Dīpaṃkara Śrījñāna organizou e separou todos os 84 mil ensinamentos de Buda em um único texto seminal. Geshe

Sonam Rinchen, *Atisha's Lamp for the Path of Enlightenment*, tradução de Ruth Sonam (Snowlion Publications, 1º de janeiro de 1997).

Código de Sabedoria 3

Se você quiser recitar o Pai-Nosso usando as palavras e a pronúncia aramaicas originais, um tutorial de áudio para as palavras está disponível *on-line* em https://abwoon.org/library/learn-aramaic-prayer/.